Claude Lévi-Strauss zur Einführung

Thomas Reinhardt

Claude Lévi-Strauss zur Einführung

JUNIUS

Junius Verlag GmbH
Stresemannstraße 375
22761 Hamburg
www.junius-verlag.de

Umschlaggestaltung: Florian Zietz
Titelbild: dpa
Satz: Junius Verlag GmbH
Printed in the EU 2013
ISBN 978-3-88506-658-3
2., unveränderte Auflage 2013
(zur Einführung; 358)

Bibliografische Information Der Deutschen Nationalbibliothek
Die Deutsche Nationalbibliothek verzeichnet diese Publikation in der Deutschen Nationalbibliografie; detaillierte bibliografische Daten sind im Internet über http://dnb.d-nb.de abrufbar

Zur Einführung …

… hat diese Taschenbuchreihe seit ihrer Gründung 1978 gedient. Zunächst als sozialistische Initiative gestartet, die philosophisches Wissen allgemein zugänglich machen und so den Marsch durch die Institutionen theoretisch ausrüsten sollte, wurden die Bände in den achtziger Jahren zu einem verlässlichen Leitfaden durch das Labyrinth der neuen Unübersichtlichkeit. Mit der Kombination von Wissensvermittlung und kritischer Analyse haben die Junius-Bände stilbildend gewirkt.

Von Zeit zu Zeit müssen im ausufernden Gebiet der Wissenschaften neue Wegweiser aufgestellt werden. Teile der Geisteswissenschaften haben sich als Kulturwissenschaften reformiert und neue Fächer und Schwerpunkte wie Medienwissenschaften, Wissenschaftsgeschichte oder Bildwissenschaften hervorgebracht; auch im Verhältnis zu den Naturwissenschaften sind die traditionellen Kernfächer der Geistes- und Sozialwissenschaften neuen Herausforderungen ausgesetzt. Diese Veränderungen sind nicht bloß Rochaden auf dem Schachbrett der akademischen Disziplinen. Sie tragen vielmehr grundlegenden Transformationen in der Genealogie, Anordnung und Geltung des Wissens Rechnung. Angesichts dieser Prozesse besteht die Aufgabe der Einführungsreihe darin, regelmäßig, kompetent und anschaulich Inventur zu halten.

Zur Einführung ist für Leute geschrieben, denen daran gelegen ist, sich über bekannte und manchmal weniger bekannte Autor(inn)en und Themen zu orientieren. Sie wollen klassische

Fragen in neuem Licht und neue Forschungsfelder in gültiger Form dargestellt sehen.

Zur Einführung ist von Leuten geschrieben, die nicht nur einen souveränen Überblick geben, sondern ihren eigenen Standpunkt markieren. Vermittlung heißt nicht Verwässerung, Repräsentativität nicht Vollständigkeit. Die Autorinnen und Autoren der Reihe haben eine eigene Perspektive auf ihren Gegenstand, und ihre Handschrift ist in den einzelnen Bänden deutlich erkennbar.

Zur Einführung ist in verstärktem Maß ein Ort für Themen, die unter dem weiten Mantel der Kulturwissenschaften Platz haben und exemplarisch zeigen, was das Denken heute jenseits der Naturwissenschaften zu leisten vermag.

Zur Einführung bleibt seinem ursprünglichen Konzept treu, indem es die Zirkulation von Ideen, Erkenntnissen und Wissen befördert.

Michael Hagner
Dieter Thomä
Cornelia Vismann

Inhalt

Anhang

Vorbemerkung

Der am 28. November 1908 geborene Claude Lévi-Strauss zählt ohne jeden Zweifel zu den einflussreichsten Denkern des 20. Jahrhunderts. Wie nur wenigen anderen Ethnologen ist es ihm gelungen, ein Werk zu schaffen, das auch außerhalb der engen Fachgrenzen seiner Heimatdisziplin wahrgenommen wurde. Sein Einfluss reicht von der Philosophie zur Soziologie, von der Literatur- zur Geschichtswissenschaft, von der Psychologie zur Film- und Musiktheorie und weiter bis auf die Opernbühne. Dabei hat Lévi-Strauss nie eine »Schule« im eigentlichen Sinne des Wortes begründet. Mehr noch, gerade in der Ethnologie hat sein strukturalistisches Programm zwar viele Bewunderer gefunden, aber praktisch keine Nachahmer.[1] Böse Zungen behaupten gar, was den ethnologischen Strukturalismus betrifft, sei Lévi-Strauss nicht nur dessen wichtigster Vertreter, sondern der einzige.[2] Dennoch haben weite Teile einer ganzen Generation von Geisteswissenschaftlern ihre wissenschaftliche Sozialisation über die Auseinandersetzung mit seinen Schriften erfahren, und nicht selten war die erste Position, die ein junger Forscher oder eine junge Forscherin bezog, eine für oder gegen Lévi-Strauss.[3]

Aus einer gewissen zeitlichen Distanz scheint die enorme Wirkung, die der Strukturalismus vor allem zu seiner Hochzeit während der 1960er Jahr entfalten konnte, nur noch schwer nachzuvollziehen. Zeitgenössische Kommentatoren sprechen ohne jede Ironie von Lévi-Strauss als einem Denkmal des 20. Jahrhunderts und lebendem Staatsschatz, dessen Werk zu kennen nachgerade als Ausweis der kulturellen Lesefähigkeit zu betrachten sei. Lévi-

Strauss und der Strukturalismus, meinen andere, stellten das Äquivalent des französischen Intellektuellen zum Hula Hoop dar und seien auf Cocktailparties so unvermeidlich wie Käsedips. Selbst noch der Trainer der französischen Fußballnationalmannschaft erklärte seinerzeit euphorisch, man werde, um künftig bessere Ergebnisse zu erzielen, eine »strukturalistische Umorganisation« des Teams vornehmen.[4]

Die Leichtigkeit, mit der hier der Sprung aus dem Spezialistentum gelungen zu sein scheint, überrascht umso mehr, als nicht nur Lévi-Strauss selbst nie aktiv das Licht einer breiten Öffentlichkeit gesucht hat,[5] sondern auch sein Werk weit davon entfernt ist, einen populären Geschmack zu bedienen. Eher im Gegenteil, denn was auch immer sich dagegen vorbringen lassen mag, den Vorwurf, allzu leichte Kost zu sein, hat ihm wohl bislang noch niemand gemacht; ebenso wenig übrigens den des mangelnden Umfangs. Eine vor wenigen Jahren zusammengestellte Bibliografie führt knapp zwanzig Bücher auf, daneben weit über dreihundert wissenschaftliche Artikel, 71 Interviews, 74 Bücher *über* Lévi-Strauss, 15 ihm gewidmete Sondernummern von Zeitschriften – und diese Liste ist nicht vollständig.[6] Praktisch alle Bücher von Lévi-Strauss sind in zahlreichen Auflagen erschienen, und die meisten davon sind auch heute noch, zum Teil mehr als ein halbes Jahrhundert nach ihrer Erstveröffentlichung, erhältlich – in Frankreich ebenso wie in Deutschland, Italien, den Vereinigten Staaten, Südamerika, Russland, China oder Japan.

Eine Einschränkung ist allerdings vonnöten. Stehen die Chancen in Frankreich nach wie vor gut, beim Stöbern in einer Buchhandlung auf den einen oder anderen Titel von Lévi-Strauss zu stoßen, wird man seine Bücher in anderen Ländern meist eher bestellen müssen. Und auch an den Universitäten ist der Strukturalismus, für den sein Name steht, keineswegs mehr so selbstverständlich präsent wie noch vor zehn oder zwanzig Jahren. Ein geisteswissenschaftliches Studium lässt sich heute abschließen, ohne auch nur eine Zeile Lévi-Strauss gelesen zu haben. Für die Generation der heute Lehrenden, die mit dem Strukturalismus (oder gegen ihn) quasi groß geworden ist, ist das nicht immer leicht zu akzeptieren.

Ich erinnere mich noch gut daran, wie bestürzt ich selbst war, als mir vor einiger Zeit eine Studentin kurz vor dem Examen erklärte, sie habe ein wenig im Internet recherchiert und bei Wikipedia entdeckt, dass für den Strukturalismus wohl auch ein gewisser Lévi-Strauss recht wichtig sei. Meine Überraschung war umso größer, als mir noch wenige Jahre zuvor der Koranlehrer eines Dorfes am Nordrand der Sahara mit seiner ganzen Autorität als Mann des Wortes und keinen Widerspruch duldend, auseinandergesetzt hatte: »Anthropologie? C'est Claude Lévi-Strauss!« Man wird dem in dieser Ausschließlichkeit schwerlich zustimmen wollen, erstaunlich aber ist es allemal, wie ein Name und ein Programm, die es bis in einen so entlegenen Winkel des frankophonen Afrika geschafft haben, offenbar innerhalb weniger Jahre so umfassend in Vergessenheit geraten konnten. »Die gebildete Welt«, erklärte Lévi-Strauss aber selbst einmal ohne Nostalgie oder Bedauern, »ist heißhungrig. Eine Zeitlang hat sie sich am Strukturalismus geweidet. Man malte sich aus, dass er eine Botschaft vermittelte. Diese Mode ist vorbei.« (NuF 142) Der Blick in Lévi-Strauss' Bücher lohnt sich gleichwohl auch heute noch. Selbst wenn man ihrer Grundthese – dass die fundamentalen Prozesse des Denkens letztlich in allen Kulturen die gleichen sind – eher skeptisch gegenüberstehen mag, stellt die Lektüre doch ein intellektuelles Vergnügen ganz eigener Art dar. Nicht zuletzt deshalb, weil, wie ein Kritiker aus der Schule der britischen Sozialanthropologie sich einst einzuräumen gezwungen sah, Lévi-Strauss »eine außergewöhnliche Begabung besitzt, uns unmerklich in den Bereich unserer geheimsten Gefühle zu führen«[7].

1. Leben und Werk

Sich dem Werk eines Autors über die besonderen Umstände seiner Biografie anzunähern ist eine recht altmodische Verfahrensweise, die zudem häufig nur mäßigen Gewinn verspricht. Denn auch wenn man das lange geglaubt haben mag, ist ja keineswegs ausgemacht, dass die Kenntnis eines Autors zugleich die seines Werks befördert, dass es also, um dieses zu verstehen, nötig ist, möglichst viele Informationen über jenen zusammenzutragen. Im Falle von Anthropologen allerdings gilt diese Regel nur eingeschränkt, sind doch hier, worauf bereits der Name der Disziplin verweist, Subjekt und Objekt der Erkenntnis in einer Weise miteinander vermischt, die es kaum erlaubt, sie strikt voneinander zu trennen. Beobachter und Beobachtetes sind von der gleichen Natur und durchdringen sich beständig. Ob bei der Gewinnung von Primärdaten im Verlauf einer Feldforschung oder bei der späteren Auswertung und Interpretation dieser Daten – der subjektive Faktor ist auf keiner Ebene der ethnographischen Arbeit auszuschalten. Wie stark er dabei das Datenmaterial überhaupt erst formt, darüber mag man unterschiedlicher Meinung sein, gänzlich bestreiten wollen aber wird ihn vermutlich niemand.

Nun widmen sich, spätestens seit Bronislaw Malinowski die stationäre Feldforschung zum Königsweg der ethnologischen Arbeit und gleichsam zu ihrem *sine qua non* erklärt hat, die meisten Ethnologen der detaillierten Beschreibung einer einzigen (in einigen Fällen allenfalls noch einer zweiten oder dritten) Kultur und hüten sich, über größere geografische oder kulturelle Einheiten zu sprechen bzw. sich zu Aussagen über die menschliche Natur im Allgemeinen hinreißen zu lassen. Statt über Kulturen (oder gar *die* Kultur) wird über kulturelle Praktiken geschrieben, statt nach verbindenden Elementen und Gemeinsamkeiten wird das Partikulare gesucht, statt die beobachteten Phänomene in einen größeren Kontext einzubetten, wird ihre Einzigartigkeit betont – eine Einzigartigkeit, die nicht zuletzt in der Person des Feldforschers begründet liegt und in der subjektiven (und unwiederholbaren) Erfahrung, die dieser während seines Aufenthalts im Feld macht. Es liegt in der Natur der Sache, dass diese Art des Schreibens über fremde Gesellschaften mit ihrer spezifischen Mischung aus kühlem Formalismus und empathischer Leidenschaft, durchsetzt mit romantischen Obertönen, unüberhörbar subjektive, ja subjektivistische Züge trägt und daher vielfältige Ansatzpunkte für eine biografische Annäherung bietet.

Man kann allerdings durchaus fragen, ob das, was für ethnographische Texte und ihre Verfasser allgemein zutreffen mag, im gleichen Ausmaß auch für einen Autor wie Claude Lévi-Strauss gilt, dessen methodische Vorgehensweise sich doch erheblich von der der meisten Ethnographen unterscheidet. Es ist dies eine grundsätzliche Frage, die weit über ihren unmittelbaren Fragebereich hinausweist und zugleich die Frage nach Ziel und Charakter der ethnologischen Arbeit aufwirft: Soll diese archivarischer Natur sein und vorrangig die Vielfalt der Hervorbringungen des menschlichen Geistes dokumentieren? Oder soll sie (bzw. kann sie) unter der oberflächlichen Fülle und Diversität der kulturellen Phänomene nach allgemeinen Gesetzen suchen, nach dem Konstanten und Fundamentalen der menschlichen Natur? Lange Zeit neigte sich die Waage entschieden zugunsten des Archivierungsansatzes (dem im Übrigen auch Lévi-Strauss durchaus eine gewisse Priorität einräumt[8]). Malinowski hatte in seinen programmatischen Überlegungen zur ethnographischen Methode der von ihm unter anderem als »spekulativ« dargestellten kulturvergleichenden Ethnologie wenig Sympathie entgegengebracht[9] und damit das Fundament für eine bis heute nachwirkende Skepsis gegenüber Ethnologen gelegt, die sich den Unbilden der Feldforschung nicht oder nicht lange genug aussetzen und stattdessen am heimischen Schreibtisch versuchen, die von Ethnographen zusammengetragene Materialfülle zu ordnen und zu strukturieren.

Dass eine solche Haltung nicht gerade von einem allzu großen Vertrauen in die eigene Textproduktion zeugt, braucht kaum erwähnt zu werden. Denn wenn es nicht legitim sein soll, von Fall zu Fall die persönliche Augenzeugenschaft durch die Lektüre ethnographischer Berichte über das entsprechende Gebiet zu ersetzen, ließe sich ja durchaus fragen, wozu man sich überhaupt die Mühe machen sollte, diese Texte zu verfassen. Dennoch löst der Name Lévi-Strauss bei vielen Ethnologen bis heute beinahe reflexartig den Vorwurf aus, er habe seine Daten nicht selbst gesammelt. Ein Bekenntnis überdies, wie das Lévi-Strauss'sche, sich »eher als Schreibtischtyp denn als Feldarbeiter« zu fühlen (NuF 69), kommt für die Verfechter eines solchen empiristischen Wissenschaftsverständnisses einem methodischen Offenbarungseid nahe, und in der Tat haben Lévi-Strauss' Kritiker, vor allem aus dem Lager der britischen Sozialanthropologie, sich diese Steilvorlage nicht entgehen lassen. Immer wieder rückten sie das strukturalistische Projekt als Ganzes in unmittelbare Nähe zur kulturvergleichenden »Lehnstuhl-Anthropologie« eines James George Frazer, dessen vielbändiger *Goldener Zweig* nahezu für alles stehen kann, wovon der funktionalistisch geprägte Zweig der Ethnologie sich seit den 1920er Jahren zu emanzipieren versucht hat: von der Ablehnung der persönlichen Inaugenscheinnahme über die Verortung fremder Kulturen in einer *zeitlichen* Relation zur modernen europäischen bis hin zum wenig redlichen Zurechtbiegen von Daten.[10]

Lévi-Strauss ist allerdings keineswegs gewillt, sich widerspruchslos über den evolutionistischen Kamm scheren zu lassen. Tatsächlich kann von einem Einfluss Frazers auf die Entwicklung seines Denkens kaum die Rede sein. Anlässlich von Frazers letztem Besuch an der Sorbonne hätte zwar für den jungen Lévi-Strauss 1928 durchaus die Möglichkeit bestanden, den großen alten Mann der britischen Sozialanthropologie noch einmal persönlich zu erleben, es kam ihm aber, so schreibt er, obwohl er davon wusste, niemals der Gedanke, den Vortrag anzuhören (TT 46). Auch in seinem Werk lassen sich allenfalls verstreute Bezüge auf die Arbeiten Frazers finden, die zudem allesamt darauf hindeuten, dass Lévi-Strauss den universalistischen Ambitionen des Briten doch bestenfalls mit einer gewissen Indifferenz begegnete.[11] Wenn man Lévi-Strauss in eine bestimmte Traditionslinie einordnen wollte, dann wäre weit eher an die französische Schule der Soziologie zu denken: Comte, Mauss und Durkheim, deren Ansätze Lévi-Strauss für seine Zwecke freilich so stark modifizierte, dass der Bezug mitunter die Form einer radikalen Abgrenzung annimmt (TT 53).

Auch den Vorwurf, zu wenig Feldforschung betrieben zu haben, mag Lévi-Strauss nicht unwidersprochen hinnehmen. Dies umso weniger, als gerade ihm das Verdienst zukommt, die Bedeutung der Feldforschung in der stark von Durkheim geprägten französischen Anthropologie entschieden aufgewertet zu haben. Ja, weit davon entfernt, die ethnographische Methode zu verwerfen, hat er sie als einer der Ersten auch auf den Bereich der eigenen Gesellschaft erweitert und in diesem Zusammenhang eine ganze Serie von Feldforschungen seiner Studenten im Umland von São Paulo und im Burgund angeregt. Anthropologie, so stellt er mehr als einmal klar, »ist vor allem eine empirische Wissenschaft« (BF 161). Ihr Ziel müsse es sein, zunächst einmal akribisch zu dokumentieren, welche Aspekte der natürlichen Umwelt in den

Rang kultureller Markierungen erhoben worden sind und wie sie sich in ihrer Gesamtheit zu einem kohärenten System fügen. Die *Beschreibung* geht dabei für Lévi-Strauss explizit dem *Verstehen* voraus. Er selbst hat sich zwar nach seinen Forschungsreisen in den 1930er Jahren Letzterem zugewandt, doch war dies zunächst weniger eine bewusste Entscheidung als vielmehr den politischen Umständen der Kriegsjahre geschuldet.

Als Lévi-Strauss 1940 aus dem von den Deutschen besetzten Frankreich fliehen muss, will er eigentlich an seine Forschungen in Brasilien anknüpfen, das Einreisevisum wird ihm jedoch verweigert. Abgeschnitten vom Ort seiner Feldforschung findet er sich stattdessen in New York wieder. Dort verfügt er zwar weder über die finanziellen noch die logistischen Mittel, um weitere Expeditionen zu organisieren, doch findet er ideale Voraussetzungen für einen anderen Typ ethnologischer Arbeit vor: das ethnographische Material nämlich, das in den drei vorausgegangenen Dekaden in bemerkenswerter Fülle und ebensolcher Unordnung zusammengetragen worden war, systematisch zu sichten und zu ordnen, um sich überhaupt einmal Klarheit darüber zu verschaffen, was diese Dokumentenmenge der Anthropologie eigentlich eröffnet (NuF 69).

Es sollte sich bald zeigen, dass Lévi-Strauss für diese Art von Tätigkeit eine außergewöhnliche Begabung besitzt, und so wird er sich in den folgenden Jahrzehnten der Auswertung ethnographischer Quellen widmen, statt selbst welche zu verfassen. Ein Feldforscher-Ethnologe, wie Malinowski ihn entworfen hat, ist Lévi-Strauss also tatsächlich nicht – oder doch wenigstens nicht in erster Linie. Denn nicht ganz ohne Berechtigung führt er gegen seine Kritiker ins Feld, durchaus den einen oder anderen Fund gemacht und das ethnographische Archiv damit um einige Details zu den südamerikanischen Nambikwara, Bororo und Tupí-Kawahib-Indianern erweitert zu haben. Außerdem habe er in

Wirklichkeit weit mehr Felderfahrung gesammelt, als seine Gegner wahrhaben wollen. Und dabei habe er nicht zuletzt begriffen, was Feldforschung auch sei: »nämlich die unerlässliche Bedingung der vernünftigen Beurteilung und Anwendung der von anderen geleisteten Arbeit« (NuF 70).[12] Der Aufenthalt im Feld, so ergänzt er, sei mithin für ihn gewesen, was die Lehranalyse für den Psychoanalytiker ist: ein Initiationsakt, den durchlaufen muss, wer zu einem echten Verständnis seines Gegenstands gelangen will.

Die im Rahmen einer solchen Forschung gewonnenen Daten scheinen Lévi-Strauss hier fast schon zum Nebenprodukt zu geraten, zu einem erfreulichen Erkenntnisüberschuss, der über das eigentlich Zentrale der Feldforschung hinausweist. Was *letztlich* an ihr zählt, ist dagegen dem Anschein nach etwas ganz anderes: die Erfahrung der Mühe, die es macht, ethnographische Daten zu sammeln, die Phasen der Depression, der Gereiztheit, des Überdrusses und der Abscheu gegenüber einem Studienobjekt, das dem Forscher deutlich zu verstehen gibt, wie sehr er es langweilt (NuF 70). Handelte es sich hierbei tatsächlich um den Kern des Lévi-Strauss'schen Feldforschungsverständnisses, wäre das in der Tat problematisch. Zum einen, weil der eigentliche ethnographische Gegenstand offenkundig hinter das Vorwissen, die Vorurteile und die »Abwehrmechanismen«[13] des Forschers zurücktritt und dieser selbst sich plötzlich im Zentrum des Erkenntnisprozesses wiederfindet; zum anderen, weil die im Rahmen kurzer Studien zu gewinnenden Daten zwar die *bewussten* Selbstmodellierungen der Erforschten dokumentieren mögen, den tatsächlichen gesellschaftlichen Praktiken gegenüber jedoch häufig blind bleiben. Was sich im Rahmen einer »Ethnographie des ersten Eindrucks« beschreiben lässt, sind, mit anderen Worten, gesellschaftliche *Soll-Zustände*, die Regeln und Normen, die idealiter das soziale Zusammenleben organisieren. Die gesellschaftliche Realität aber sieht – und das lässt sich eben erst im Rahmen längerer Aufenthalte erfassen – meist ganz anders aus.

Das bestreitet Lévi-Strauss allerdings auch gar nicht. Die Kritik schießt daher weit übers Ziel hinaus, wenn sie ihm, wie es oft geschieht, eine feldforschungs*feindliche* Haltung unterstellt. Seine Einstellung in dieser Frage ist, ganz im Gegenteil, fast schon unzeitgemäß positivistisch. So steht er nicht zuletzt der reflexiven Wende, die weite Teile der Ethnologie seit den 1970er Jahren vollzogen haben, äußerst skeptisch gegenüber.[14] Denn zwar mag die erste Felderfahrung eines Forschers *auch* einen initiatorischen Akt darstellen, das gilt jedoch tatsächlich nur für die erste dieser Erfahrungen. In erster Linie aber geht es bei solchen Forschungen doch schlicht um das Sammeln jener ethnographischen Daten, die dann das Rohmaterial für die Arbeit der vergleichend vorgehenden Ethno*logen* bilden.

Kehren wir aber noch einmal zurück zur Frage nach der Relevanz lebensgeschichtlicher Faktoren für das Lévi-Strauss'sche Werk. Immerhin ließe sich gegen eine biografische Annäherung ins Feld führen, dass gerade Lévi-Strauss sein wissenschaftliches Werk der Überführung des Subjektbegriffs in den der Struktur gewidmet hat. Wo für seinen großen Rivalen Sartre der Mensch zuerst durch die Intentionalität seines Bewusstseins bestimmt ist, setzt Lévi-Strauss Regeln, Codes und Strukturen als Determinanten der menschlichen Existenz. Menschliches Handeln wird dabei in letzter Konsequenz als die oberflächliche Manifestation tiefer liegender Strukturen begriffen – und das in einer Konsequenz, die Lévi-Strauss auch noch die persönliche Autorschaft an seinen Büchern in Zweifel ziehen lässt. Es sei seiner Auffassung nach vielmehr so, bekennt er in einem Gespräch mit Marc Augé, dass das Werk sich selbst durch den Autor hindurch schreibt. Das Individuum sei dabei nicht mehr als ein Mittel der Übertragung und überlebe im Werk lediglich als ein wenig bedeutsamer Rückstand: »[Wenn ein Buch erscheint] ist es tot, fertig, zu einem Fremdkörper geworden. Das Buch geht durch mich hindurch, ich bin der Ort, an dem sich während einiger Monate oder Jahre bestimmte Dinge entwickeln und abbilden, und dann lösen sie sich von mir, als ob es sich um eine Ausscheidung handelt« (NuF 135). Oder, in dem eindrücklichen Bild vom Individuum als einer Kreuzung: »[M]eine Arbeit wird in mir gedacht, ohne dass ich davon weiß. Ich habe nie ein Gefühl meiner persönlichen Identität gehabt, habe es auch jetzt nicht. Ich komme mir vor, wie ein Ort, an dem etwas geschieht, an dem aber kein *Ich* vorhanden ist. Jeder von uns ist eine Art Straßenkreuzung, auf der sich verschiedenes ereignet. Die Straßenkreuzung selbst ist völlig passiv; etwas ereignet sich darauf. Etwas anderes, genauso Gültiges, ereignet sich anderswo. Es gibt keine Wahl, es ist einfach eine Sache des Zufalls.« (MuB 11-12)

Solche und ähnliche Äußerungen haben Lévi-Strauss oft den Vorwurf des »Antihumanismus« eingetragen. Ein Vorwurf, dem er übrigens – zumindest, was die erkenntnistheoretische Ebene betrifft – durchaus zustimmt. »Ich bin fest davon überzeugt«, stellte er im Jahr 2000 in einem Interview fest, »dass das Leben keinen Sinn hat, dass nichts irgendeinen Sinn hat.«[15] Der Mensch, so begründet er diese Aussage, sei nichts weiter als ein unbedeutender Teil der kosmischen Ordnung – mit anderen Worten: Element einer Struktur. Welchen Sinn sollte es also haben, sich in der Ausbreitung biografischer Details eines einzelnen Exemplars der Gattung zu ergehen?

Die Antwort darauf gibt Lévi-Strauss an verschiedenen Stellen seines Werks und in zahlreichen öffentlichen Äußerungen selbst. So unterscheidet er etwa in einem Gespräch mit Jean-José Marchand strikt zwischen einem Antihumanismus auf epistemologischer Ebene und einem auf moralischer.[16] So vollständig er sich Ersteren für seine Arbeit zu Eigen macht, so radikal lehnt er Letzteren ab. Übertragen auf die Frage nach der Relevanz der Biografie eines Autors für seine Arbeit bedeutet dies, dass das geistige Klima, in dem seine Ideen reifen, selbstverständlich einen bedeutsamen Faktor darstellt. Denn selbst wenn es stimmen sollte, dass die Vielfalt der kulturellen Erscheinungsformen letztlich nichts weiter ist als eine spezifische Variation über der immer gleichen Grundstruktur, so hat der Einzelne doch subjektiv stets nur an einer kleinen Zahl der möglichen Manifestationen teil. Nur bestimmte Straßen, um im Bild von der Straßenkreuzung zu bleiben, münden in die Kreuzung. Andere hingegen führen an ihr vorbei, ohne ihr auch nur nahe zu kommen. Auch wenn wir also theoretisch die Möglichkeit haben, uns *jede* Kultur so anzueignen, als seien wir dort geboren, beschränkt sich die kulturelle Kompetenz des Einzelnen letztlich doch auf eine überschaubare Zahl kultureller Praktiken, mit denen er intimer vertraut ist. Entsprechend ist natürlich auch ein biografischen Unternehmen grundsätzlich skeptisch gegenüberstehender Autor wie Lévi-Strauss nicht ohne sein spezifisches intellektuelles Umfeld zu denken. Und dieses wiederum ist entscheidend davon bestimmt, wann er wessen Schriften las, wen er schätzte, wen er ablehnte oder mit wem er wo zusammentraf.

Es entbehrt wohl nicht einer gewissen Ironie, dass gerade das Leben eines Mannes, der den Zufällen der Biografie denkbar wenig Bedeutung zumessen mag, so außergewöhnlich gut dokumentiert ist. In Selbstzeugnissen wie *Traurige Tropen* oder den langen Gesprächen mit Didier Eribon (NuF), aber auch in quasi autorisierten Einführungen in sein Werk.[17] Und wenngleich Lévi-Strauss nachdrücklich betont, nie in Versuchung gewesen zu sein, seine Memoiren zu verfassen,[18] kommen die genannten Werke nicht nur einer Autobiografie sehr nahe, sie ermöglichen es darüber hinaus auch, das Lévi-Strauss'sche Oeuvre in seiner Entwicklung recht präzise in einen größeren geistesgeschichtlichen

Kontext einzubetten. Es wäre daher absurd, diese Quellen für eine Einführung wie die vorliegende außer Acht zu lassen.

Wie man Ethnograph wird

Claude Lévi-Strauss wird 1908 – durch Zufall, wie er sagt (NuF 11) – in Brüssel geboren. Sein Vater verdingte sich als Kunstmaler und war zur Erledigung einiger Auftragsarbeiten mit seiner schwangeren Frau in die belgische Hauptstadt gereist. Zwei Monate nach der Geburt des Sohnes kehrt die Familie nach Paris zurück. Dort hat sie zwar beständig mit materiellen Schwierigkeiten zu kämpfen, doch entspricht das geistige Umfeld, in dem Lévi-Strauss aufwächst, durchaus den Vorstellungen, die man sich vom Pariser Bürgertum jener Epoche macht. Der jüdische Glaube spielte zwar für Teile der Großelterngeneration noch eine Rolle (der Großvater mütterlicherseits war Rabbiner, die Großmutter väterlicherseits praktizierende Gläubige), doch waren schon Lévi-Strauss' Eltern »ganz und gar ungläubig« und verstanden es offenbar, eine Atmosphäre zu schaffen, in der der Heranwachsende von der Beunruhigung durch religiöse Gefühle weitgehend verschont bleibt (NuF 15f.). Kunst und Musik bestimmen stattdessen den Alltag der Familie.[19] Insbesondere die starke Affinität Lévi-Strauss' zu Letzterer, die sich als eine Konstante durch sein Werk ziehen wird, ja zum Teil noch die Register bereitstellt, nach denen die Bücher organisiert sind, hat zweifellos hier ihre Wurzeln. Lévi-Strauss spricht gar von einer »regelrechten erblichen Belastung« (NuF 12), die sich nicht zuletzt in dem unverkennbar ästhetischen Anspruch seiner wissenschaftlichen Arbeit niederschlägt. Einer ästhetischen Dimension allerdings, die in letzter Konsequenz doch stets der Empirie nachgeordnet bleibt. So kann Lévi-Strauss denn auch ohne Koketterie bedauern, dass er nie ein Drama oder einen Roman verfasst hat (NuF 136) und dass er es nicht zum Komponisten brachte, weil ihm »etwas im Kopf fehlt«, um Musik zu komponieren (MuB 77). Er mag zu den literarischsten unter den Ethnologen seiner Zeit zählen, er mag einen unverwechselbaren Stil pflegen, mit sorgfältig abgewogenen, langen Sätzen, gelegentlichen ironischen Interjektionen und lyrischem Elan, er mag die Analogie der strukturalen Mythenanalyse zur Musik bis in die Kapitelorganisation hinein betonen – letztlich aber fühlt er sich doch vor allem als Wissenschaftler und als solcher verpflichtet, die dramatische Prosa seiner Schriften immer wieder mit langen Listen der »belanglosesten ethnographischen Details« (BF 161) zu durchbrechen.

Nicht nur die Affinität zur ästhetischen Form, auch der Strukturalismus war, so scheint es, dem jungen Claude Lévi-Strauss praktisch in die Wiege gelegt. Seinen ersten strukturalistischen Akt jedenfalls beging er in so jungen Jahren, dass er ihn lediglich aus den Erzählungen seiner Mutter erinnert. Noch unfähig zu laufen und lange bevor er mit den Geheimnissen der Schrift vertraut gemacht wurde, habe er aus der Tiefe seines Kinderwagens verkündet, dass die ersten drei Buchstaben auf den Schildern von Bäcker und Fleischer »bou« bedeuten müssten, weil sie gleich aussähen und gleich ausgesprochen würden (NuF 159; MB 17). Unabhängig vom Wahrheitsgehalt der Familienüberlieferung ist dies in der Tat eines der Kernelemente der strukturalistischen Tätigkeit: Zwei Systeme unterschiedlicher Ordnung, in diesem Falle das grafische der Ladenschilder und das lautliche der mütterlichen Stimme, die diese Schilder vorliest, werden zueinander in Beziehung gesetzt und auf ihre Unterschiede und Gemeinsamkeiten hin untersucht. Das Ergebnis dieser Analyse besagt zunächst einmal nicht mehr, als dass eine bestimmte Folge grafischer Symbole einer bestimmten Lautfolge korrespondiert. Eines semantischen Urteils enthält sich der kleine Claude offenbar. Und tut gut daran, denn das »bou« in *Boulangerie* ist dem in *Boucherie* weder etymologisch noch inhaltlich verwandt. Bis zur Ausarbeitung seiner strukturalistischen Theorie sollten zwar noch einige Jahrzehnte vergehen, den Schlüssel dazu, nämlich die Annahme, dass bei der Untersuchung sozialer Systeme der Form der Vorzug vor dem Inhalt einzuräumen ist und es daher gelte, das Invariante unter den Verschiedenheiten der Oberfläche aufzuspüren, hat Lévi-Strauss aber offenbar bereits erstaunlich früh intuitiv erfasst.

Zur formalen Ausbildung der strukturalistischen Methode bedurfte es jedoch noch einer ganzen Reihe von Impulsen. Lévi-Strauss spricht in diesem Zusammenhang gelegentlich von seinen »trois maîtresses« – der Geologie, der Psychoanalyse und dem Marxismus (TT 44) –, die ihn gelehrt haben, dass man, »um zum Realen zu gelangen, zunächst die Erfahrung verwerfen muss, um sie später in einer objektiven, von jeder Sentimentalität gereinigten Synthese wieder zu integrieren« (TT 51). Die deutsche Ausgabe übersetzt den Ausdruck mit »Lehrmeisterinnen« und tilgt damit notgedrungen die Nebenbedeutung, die im französischen Original noch mitschwingt: Mätressen. Tatsächlich hat Lévi-Strauss sich während seiner wissenschaftlichen Sozialisation mit allen dreien eingelassen, vermählt aber hat er sich mit keiner von ihnen. Weder wird er Geologe noch Politiker noch Psychoanalytiker. Ganz von ihnen lassen wird er jedoch auch nach seiner Verheiratung mit der Ethnologie nicht.

Die älteste Liebe galt dabei der Geologie. Lévi-Strauss' Eltern besaßen ein Haus im Hochland der Cevennen, wo der Heranwachsende lange Wanderungen unternahm, in deren Verlauf er gelegentlich die Berührungslinie zwischen zwei geologischen Schichten verfolgte. Den ersten dieser Gänge rechnet er noch Mitte der 1950er Jahre zu seinen teuersten Erinnerungen, vermittelte er ihm doch ein Bewusstsein davon, wie unter der scheinbaren Unordnung einer Landschaft Zeichen einer vergangenen Ordnung lagern, die Zeugnis geben von Ereignissen weit jenseits aller landwirtschaftlichen und geografischen Nutzbarkeitsüberlegungen und jenseits der Wechselfälle der Geschichte. Das Verfolgen dieser dünnen, mitunter kaum wahrnehmbaren Spur wird ihm geradezu zum Sinnbild der strukturalistischen Tätigkeit:

»Jene blasse, verwischte Linie, jener oft unmerkliche Unterschied in der Form und der Konsistenz der Felsbrocken zeugen davon, dass dort, wo ich heute dürres Erdreich sehe, einst zwei Ozeane aufeinander gefolgt sind. Wenn man die Beweise ihrer tausendjährigen Stagnation zurückverfolgt, alle Hindernisse überwindend – Steilhänge, Geröll, Buschwerk, Ackerland –, ohne sich um Pfade oder Zäune zu kümmern, scheint man widersinnig zu handeln. Aber dieser Ungehorsam hat nur das eine Ziel, den ersten Sinn zurückzuerobern, der zweifellos im Dunkel liegt, doch dessen partielle oder entstellte Umformung jeder der folgenden ist.« (TT 49)

Dem Interesse an den verborgenen Seiten der Natur gesellt sich im Alter von sechzehn Jahren der Marxismus zur Seite. Der Anstoß hierzu geht von einem Freund der Familie aus, dem belgischen Sozialisten Arthur Wanters, der Lévi-Strauss dazu bewegt, sich mit den Schriften von Marx und Proudhon zu beschäftigen. Vor allem Marx hat ihn dabei offenbar von Anfang an fasziniert (NuF 18) und sollte für viele Jahrzehnte zu einem Vademecum werden. Nur selten, bekennt Lévi-Strauss gut dreißig Jahre nach seinem ersten Kontakt mit marxistischen Ideen, lasse er sich darauf ein, ein soziologisches oder ethnologisches Problem zu entwirren, ohne zuvor seine Gedanken »durch ein paar Seiten aus dem *18. Brumaire des Louis Bonaparte* oder der *Kritik der politischen Ökonomie* angeregt zu haben« (TT 50). Entscheidend an Marx' Lehre ist dabei für Lévi-Strauss vor allem, dass die Sozialwissenschaft hier »ebenso wenig auf der Grundlage von Ereignissen aufbaut, wie die Physik von Gefühlsregungen ausgeht: das

Ziel ist, ein Modell zu schaffen, seine Eigenschaften sowie die verschiedenen Reaktionen zu untersuchen, die es im Labor zeigt, um diese Beobachtungen dann bei der Interpretation dessen anzuwenden, was empirisch geschieht und sich von den Voraussagen weit entfernen kann« (TT 51). Das vermutlich bekannteste dieser »Modelle«, der Historische Materialismus, beschränkt sich denn auch in der Tat nicht darauf, historische Ereignisse zu beschreiben, sondern bettet sie in eine umfassende Struktur ein und sucht die Regelhaftigkeit der historischen Entwicklung zu erweisen. Ebenfalls von Marx übernimmt Lévi-Strauss die Idee, dass es unverzichtbar ist, sich mit den Lebensumständen einer Gruppe vertraut zu machen, um verstehen zu können, was in den Köpfen ihrer Mitglieder vorgeht (NuF 158), dass es, mit anderen Worten, das Sein ist, das das Bewusstsein bestimmt.

Die Begeisterung Lévi-Strauss' für den Marxismus blieb übrigens keineswegs allein theoretischer oder philosophischer Natur. Vor allem während seiner *Khâgne*-Zeit[20] engagiert er sich in der Französischen Sektion der Arbeiter-Internationalen so aktiv, dass er nicht nur, obwohl selbst kein *normalien*, Sekretär der »Groupe d'études socialistes des cinq Écoles normales superieures« wird, sondern man ihn 1928 auch zum Generalsekretär der »Fédération des étudiants socialistes« wählt. Von 1928 bis 1930 finanziert er sich sein Studium als Sekretär des sozialistischen Abgeordneten Georges Monnet, gibt diese Beschäftigung jedoch auf, um sich auf die *agrégation* (das Staatsexamen) in Jura und Philosophie vorzubereiten. Beide Studiengänge hatte Lévi-Strauss übrigens als Folge einer »negativen Wahl« belegt, aus dem einfachen Grund, dass sie seinen Anlagen den geringsten Widerstand entgegenzustellen schienen und ihm »nichts anderes einfiel«. Entsprechend unbeteiligt bringt er die Jahre an der Universität hinter sich. »Im Grunde bin ich wie ein Zombie durch das Gelände gestreunt, mit dem Gefühl, dass ich draußen blieb.« (NuF 19-20) Dieser Eindruck wird bestätigt durch das Zeugnis von Simone de Beauvoir, die zusammen mit Lévi-Strauss und Maurice Merleau-Ponty die dreiwöchige pädagogische Probezeit (den *stage d'agrégation*) am Gymnasium von Janson-de-Sailly absolvierte. In ihren Memoiren schreibt sie über die gemeinsame Zeit: »[Lévi-Strauss] schüchterte mich durch sein Phlegma ein, doch verwendete er es mit Geschick, und ich fand ihn sehr komisch, wenn er mit farbloser Stimme und völlig unbewegtem Gesicht unserem Auditorium die Torheit der Leidenschaft auseinandersetzte.«[21]

Schließlich Freud: Sein Programm erscheint dem jungen Lévi-Strauss zunächst ganz selbstverständlich als Anwendung der geologischen Methode auf das Individuum. In der Psychoanalyse geht es, wie in der Geologie, darum, die Oberflächenphänomene zu durchdringen, um zu einer tiefer liegenden Realität vorzustoßen. Und wie die Geologie erlaubt sie gleichsam den Zugang zu einer früheren Zeitschicht, zu einer Vergangenheit, die dem bewussten Denken des sich der Analyse unterziehenden Individuums in der Regel verschlossen bleibt und in archäologischer Kleinarbeit ans Licht geholt werden muss. Anders als im Falle des Marxismus, dem Lévi-Strauss sehr lange treu bleibt, wendet er sich bereits früh gegen Freud – ohne sich doch je völlig von ihm zu trennen. Die kritische Auseinandersetzung mit seinem Werk zieht sich nahezu durch das gesamte Lévi-Strauss'sche Schaffen, von den *Elementaren Strukturen der Verwandtschaft* (1949), in denen insbesondere *Totem und Tabu* als »Fehlschlag« verworfen wird als die Erfindung eines Mythos, der zwar die Fakten erklären soll, letztlich aber das Verhalten des Kranken imitiere, statt es zu interpretieren (ES 655-657), bis hin zu *Die Eifersüchtige Töpferin* (1985), wo der freudsche Untertitel »Einige Übereinstimmungen im Seelenleben der Wilden und der Neurotiker« umgekehrt wird und Lévi-Strauss sich stattdessen zu zeigen bemüht, dass die wahre Übereinstimmung zwischen (»um mit und wie Freud zu sprechen«) dem Seelenleben der Wilden und dem der Psychoanalytiker besteht (ET 295 ff.; NuF 157). Die unverzichtbare Lektion, die Lévi-Strauss aus seiner Freud-Lektüre für seine künftige Arbeit mitnimmt, liegt denn auch weniger im Detail als vielmehr in der erkenntnistheoretischer Maxime: dass nämlich auch noch die scheinbar unlogischsten Phänomene einer rationalen Analyse zugänglich sind und es möglich ist, hinter auf den ersten Blick bizarren Verhaltensweisen eine logisch kohärente Grundlage zu identifizieren, die die entsprechenden Verhaltensmuster erzeugt. Das genau auch verbindet die Psychoanalyse mit dem Marxismus und der Geologie. Alle drei weisen nach, »dass verstehen heißt, einen Typus der Realität auf einen anderen zu reduzieren; dass die wahre Realität niemals diejenige ist, die sich am offenkundigsten zeigt; und dass die Natur des Wahren bereits in dem Fleiß durchscheint, den sie daransetzt, sich zu entziehen. In allen Fällen stellt sich dasselbe Problem, nämlich das der Beziehung zwischen dem Sinnlichen und dem Rationalen, und auch das verfolgte Ziel ist dasselbe: eine Art von *Superrationalismus*, der darauf abzielt, das erstere in das zweite einzubeziehen, ohne irgendeine seiner Eigenschaften zu opfern« (TT 51).

Alle drei, mit anderen Worten, lehren Lévi-Strauss, dass auch noch die scheinbar größte Unordnung von Erscheinungen nach unbewussten Ordnungsprinzipien organisiert sein kann, und dass sich diese, unternimmt man nur die entsprechenden Anstrengungen, auch aufdecken lassen.

Trotz der frühen Ausbildung jener strukturalistischen Grundhaltung, die einige Jahrzehnte später die intellektuelle Welt nachhaltig erschüttern sollte, deutet zunächst nichts darauf hin, dass Lévi-Strauss jemals etwas anderes sein würde als Philosophielehrer an einem Gymnasium. Die berufliche Laufbahn nach dem Staatsexamen scheint vorgezeichnet, und Lévi-Strauss fügt sich zunächst auch anstandslos in das bewährte Schema. 1932 tritt er eine Stelle als Lehrer am Gymnasium von Mont-de-Marsan an, wo er ein glückliches Jahr damit verbringt, seine Vorlesung auszuarbeiten und zugleich zu unterrichten. Im Jahr darauf wechselt er nach Laon und stellt entsetzt fest, dass der Rest seines Lebens sich darin zu erschöpfen droht, die immer gleiche Vorlesung Jahr für Jahr aufs Neue zu halten (TT 45). Mitten in dieser persönlichen Krise erreicht ihn dann an einem Herbstsonntag des Jahres 1934 ein Telefonanruf seines früheren Lehrers Célestin Bouglé (Lévi-Strauss hatte bei ihm seine Zulassungsarbeit über »Die historischen Postulate des historischen Materialismus« geschrieben), der ihm, sofern er noch immer den Wunsch hege, Ethnologe zu werden, empfiehlt, sich als Professor für Soziologie an der Universität von São Paolo zu bewerben: »In den Vororten«, so versicherte er ihm bei dieser Gelegenheit, »wimmelt es von Indianern, an Ihren freien Wochenenden können Sie sich mit ihnen befassen.« (TT 39) Anfang 1935 besteigt Lévi-Strauss in Marseille das Schiff nach Brasilien.

War sein Interesse an der Ethnologie bis dahin noch eher vage und hatte sich weitgehend darin erschöpft, exotische Merkwürdigkeiten bei Trödlern erstanden und »ein oder zwei angelsächsische Bücher gelesen« zu haben (NuF 30), so wirft sich Lévi-Strauss nun mit aller Energie auf das neue Feld. Dieses nämlich erlaubt ihm nicht nur, seine Berufsausbildung mit seiner Vorliebe für das Abenteuer, seinem Faible fürs Wandern, Zelten und Bergsteigen und seiner Neugierde auf neue Horizonte zu verbinden,[22] es eröffnet ihm darüber hinaus vor allem die Chance, der Philosophie zu entkommen (TT 45).

Insgesamt vier Jahre wird Lévi-Strauss in Brasilien verbringen und dabei – nachdem er feststellen musste, dass die Vorstädte São Paolos keineswegs, wie man ihm leichthin versprochen hatte, von Indianern einer von der Moderne nahezu unberührten Lebensweise bevölkert waren – neben einigen urbanethnologischen

Untersuchungen (»einer Art Sonntagsethnographie« [TT 98]) unter anderem auch jene Forschungsreisen unternehmen, deren vermeintlich unzureichende Dauer ihm seit nunmehr gut sechzig Jahren von Fachkollegen vorgeworfen wird.

Am Ende des ersten Studienjahres (die Semesterferien in Brasilien dauerten seinerzeit von November bis März) unternimmt er mit seiner Frau eine erste dreimonatige Expedition in den Mato Grosso zu den Caduveo und den Bororo. Die ethnographischen Objekte, die er während dieser Reise sammelt, werden im folgenden Winter den Grundstock einer Ausstellung bilden, die Lévi-Strauss während der Semesterferien in Paris organisiert und die nicht nur beim Publikum einen Achtungserfolg erzielt, sondern ihm auch die Anerkennung als Ethnologe durch die seinerzeit in Frankreich führenden Vertreter des Fachs, Lucien Lévy-Bruhl, Marcel Mauss und Paul Rivet einbringt. Was aber noch wichtiger ist: Sie verschafft ihm die Möglichkeit, für seine nächste Forschungsreise die Geldtöpfe des Musée de l'Homme und des Service de la Recherche scientifique anzuzapfen.[23]

Mit Mitteln aus diesen beiden Quellen stattet er in den Jahren 1938 bis 1939 eine weitere ethnographische Expedition ins Innere Brasiliens aus, die ihn zu den Nambikwara und den Tupi-Kawahib führen und insgesamt etwas länger als ein halbes Jahr dauern wird. Der unmittelbare ethnographische Ertrag jener Reise ist vergleichsweise gering. Bis weit in die 1940er Jahre hinein wird Lévi-Strauss lediglich eine Reihe kürzerer Aufsätze veröffentlichen, bevor er 1948 mit seiner ersten Buchpublikation, *La vie familiale et sociale des Indiens Nambikwara*, an die Öffentlichkeit tritt, der er bereits ein Jahr später mit *Die elementaren Strukturen der Verwandtschaft* die erste große Anwendung der strukturalen Methode folgen lassen wird. Auf lange Sicht betrachtet bildet die Erfahrung dieser Reise jedoch nicht nur die Grundlage des Lévi-Strauss'schen Selbstverständnisses als Ethnologe, sondern auch den Kern der 1955 erstmals erschienenen *Traurigen Tropen*, einem Buch, das zweifellos zum Schönsten zählt, was das ethnographische Genre hervorgebracht hat. Angesiedelt im Grenzgebiet zwischen Wissenschaft und Literatur – und in beiden Bereichen herausragend – wurde es vom Publikum so begeistert aufgenommen, dass die Académie Goncourt sich eigens ein Kommuniqué zu veröffentlichen veranlasst sah, in dem sie ihrem Bedauern Ausdruck verlieh, es nicht auszeichnen zu können, weil es kein Roman sei (NuF 91). Lange bevor die Ethnologie sich die erkenntnistheoretische Problematik des eigenen Tuns bewusst machte und (insbesondere nach der Veröffentlichung der Feldtagebücher Malinowskis im Jahre 1967) die Widersprüche und Paradoxien des Schreibens über fremde Gesellschaften zu reflektieren beginnt, legt Lévi-Strauss in *Traurige Tropen* schonungslos den Finger auf die Antinomien und Dilemmata der ethnographischen Tätigkeit. Und wie im Falle der malinowskischen Tagebücher ist die Aufnahme innerhalb des Faches – wo sie sich nicht als offene Ablehnung äußert – zunächst bestenfalls zurückhaltend.

Nach der Expedition zu den Nambikwara und Tupi-Kawahib kehrt Lévi-Strauss Anfang 1939 nach Frankreich zurück, wo er sich wieder ins Universitätsleben eingliedern und eine Doktorarbeit vorbereiten will. Die politischen Umstände jedoch wollen es anders. Lévi-Strauss wird zur Armee einberufen. Nach einem kurzen Intermezzo als Verbindungsmann zum Britischen Expeditionscorps wird er 1940 aus dem Militärdienst entlassen und ersucht zunächst darum, seine alte Stelle im Pariser Lycée Henri-IV wieder antreten zu dürfen. Der Leiter des Unterrichtsministeriums in Vichy persönlich setzt ihm auseinander, dass das von Deutschen besetzte Paris gegenwärtig kaum der geeignete Dienstort für jemanden mit einem jüdischen Namen sei. Er vermittelt ihm stattdessen eine Stelle in Perpignan, kurz darauf in Montpellier, wo Lévi-Strauss jedoch nach nur drei Wochen aufgrund der neuen Rassengesetze seines Amtes enthoben wird. Er begibt sich daraufhin in das elterliche Haus in den Cevennen. Dort erreicht ihn Ende 1940 ein Schreiben der Rockefeller Foundation, die ihn einlädt, eine Stelle an der New Yorker New School for Social Research anzutreten (NuF 43-45; TT 15).[24]

Bei seiner Vorstellung an der New School wird ihm zunächst umstandslos eröffnet, dass er seinen Namen zu ändern habe: Claude L. Strauss solle er sich fortan nennen, nicht wegen des jüdischen Patronyms, sondern wegen der Jeans, denn: »The students would find it funny.« Die unglückselige Namensgleichheit wird Lévi-Strauss für viele Jahrzehnte heimsuchen. Kaum ein Jahr vergehe, klagt er noch 1988, in dem er nicht, »im allgemeinen aus Afrika«, eine Jeans-Bestellung erhalte (NuF 49). Wichtiger aber als die Verstümmelung des Familiennamens ist, dass Lévi-Strauss schon bald nach seiner Ankunft von André Breton, mit dem er sich während der langen Atlantiküberfahrt angefreundet hatte, in den Kreis der New Yorker Surrealisten eingeführt wird. Die gemeinsam verbrachte Zeit bleibt nicht ohne Folgen für seine weitere Arbeit. Lévi-Strauss hat verschiedentlich (wenngleich nie besonders glaubhaft) versichert, über ein außergewöhnlich schlechtes Gedächtnis zu verfügen, einen »neolithischen Verstand«, der Themen im Nichts verschwinden lässt, sobald er einmal darüber nachgedacht hat (TT 46), ein »verheerendes, selbstzerstörerisches Gedächtnis«, das private und berufliche Erinnerungen verdrängt und es ihm später nicht mehr erlaubt, die Fakten in der richtigen Art und Weise zusammenzubringen (NuF 7). Das einzige Mittel, diesem Erinnerungsverlust vorzubeugen, besteht in der Anlage umfangreicher Zettelkästen, großen Loseblattsammlungen, in denen sich Skizzen flüchtiger Ideen neben Exzerpten und Zusammenfassungen seiner Lektüren, Zitaten, etc. finden. Wird ein Projekt schließlich ernsthaft in Angriff genommen, »dann ziehe ich einen Packen Zettel aus meinen Schubladen und gruppiere sie im Stile einer Kartenpartie neu. Diese Art Spiel, bei dem der Zufall zu seinem Recht kommt, hilft mir, eine schwache Erinnerung aufzufrischen« (NuF 8).

In Wirklichkeit handelt es sich hierbei natürlich um weit mehr als nur einen harmlosen mnemotechnischen Trick. Nicht nur Erinnerungen werden aufgefrischt, durch den gezielten Einsatz des Zufalls werden Bezüge hergestellt, die dem denkenden Bewusstsein nie in den Sinn gekommen wären. Die Ähnlichkeit mit den surrealistischen Assoziationsspielen zur Ausschaltung der Bewusstseinszensur ist offenkundig. Und auch im veröffentlichten Werk Lévi-Strauss' lassen sich zahlreiche Reverenzen an die surrealistische Methode und Terminologie finden.[25]

Ebenfalls bereits während seiner ersten Wochen in New York nimmt Lévi-Strauss Kontakt zum »amerikanischen Zirkel« der Ethnologie auf. Er trifft nicht nur Alfred Métraux und Robert Lowie, die nach der Lektüre seines Aufsatzes über die Bororo seine Einladung an die New School betrieben hatten (NuF 45, 57), sondern auch Franz Boas, der, obgleich bereits seit dreißig Jahren emeritiert, nach wie vor sein Büro an der Columbia Universität hat. Lévi-Strauss wird dort wohlwollend empfangen, offensichtlich aber ist der junge Emigrant aus Frankreich Boas unbekannt. So lässt sich denn auch (auch wenn die Versuchung natürlich groß ist) kaum eine tiefere Bedeutung in die Tatsache hineininterpretieren, dass Lévi-Strauss direkt neben Boas sitzt, als dieser Ende 1942 bei einem Bankett zu Ehren Paul Rivets zusammenbricht und stirbt.

Dem Werk Boas' misst Lévi-Strauss »ausschlaggebende Bedeutung« zu (NuF 61), der tatsächliche Einfluss des Vaters der amerikanischen *Cultural Anthropology* auf sein Denken ist jedoch schwer abzuschätzen. Es scheint, als ob der persönliche Kontakt zunächst keine allzu große Wirkung gehabt hätte. Rückblickend jedoch bemerkt Lévi-Strauss eine ganze Reihe von Gemeinsamkeiten, die ihn mit Boas verbinden. So findet er in dessen Werk nicht nur die Kritik des Rassismus auf ein stabiles wissenschaftliches Fundament gestellt, sondern auch eine enorme Fülle ethnographischer Details, die ihm später den Schlüssel zur Lösung einer Reihe von mythologischen Problemen liefern werden. Vor allem aber übernimmt er von Boas die Idee, dass die Gesetze der Sprache jenseits der Kontrolle des sprechenden Subjekts im Unbewussten wirken und man sie daher als objektive Phänomene studieren kann (NuF 60-63).

An der New School hält Lévi-Strauss derweil Vorlesungen über »good neighborhood policy« in Lateinamerika. Da er, abgesehen von Brasilien, so gut wie keine Kenntnisse über Südamerika besitzt, verbringt er seine Tage meist lesend in der Public Library an der 42. Straße. Gleichzeitig unterrichtet er an der im Winter 1941/42 gegründeten École libre des hautes études ethnologische Themen, die er selbst bestimmen darf. Hier lernt er auch den gleichfalls an der École lehrenden Roman Jakobson kennen, einen russischen Exilanten, der eigentlich auf der Suche nach einem Saufkumpan ist. Dabei ausgerechnet auf Lévi-Strauss zu verfallen, der keinen Alkohol verträgt und nur ungern spät zu Bett geht, ist, wie dieser ein knappes halbes Jahrhundert später einräumt, vermutlich kein echter Glücksgriff. Für Lévi-Strauss aber ist es eine Begegnung, die seinen weiteren Werdegang ganz entscheidend prägt: »Ich war damals eine Art naiver Strukturalist. Ich praktizierte Strukturalismus, ohne es zu wissen. Jakobson hat mir die Existenz eines bereits in einer anderen Disziplin aufgestellten Korpus von Lehrmeinungen eröffnet: der Linguistik, die ich nie betrieben hatte. Für mich war das eine Erleuchtung.« (NuF 65)

Die Erleuchtung sollte kein einmaliges Ereignis bleiben. Lévi-Strauss und Jakobson besuchen gegenseitig ihre Lehrveranstaltungen an der École, und Lévi-Strauss saugt den Strukturalismus auf wie ein Schwamm. Jakobson wird es schließlich auch sein, der Lévi-Strauss vorschlägt, seine Vorlesung über die Probleme der Verwandtschaft schriftlich auszuarbeiten. Die Arbeit daran bindet Lévi-Strauss noch einige Jahre über das Ende des Zweiten Weltkriegs hinaus an New York und die dortigen Bibliotheken. Erst 1948 reicht er *Les structures élémentaires de la parenté* als Dissertationsschrift ein und kehrt nach Paris zurück.

Kaum dort angekommen und frisch promoviert, wird ihm angetragen, sich um eine Professur am Collège de France zu bewerben. Er scheitert im ersten Versuch, lässt sich aber überreden, es im folgenden Jahr erneut zu versuchen. Zu spät bemerkt er, dass er zum Spielball im alten Streit zwischen Konservativen und Liberalen geworden ist. Auch im zweiten Versuch wird seine Bewerbung abgeschmettert, und Lévi-Strauss begräbt vorerst jede Hoffnung auf eine akademische Karriere (NuF 77ff.). Zwar tritt er eine Stelle als stellvertretender Direktor des Musée de l'Homme an und nimmt Lehraufträge an der École des hautes études wahr, wo er auch wenige Jahre später auf den Lehrstuhl von Maurice Leenhardt berufen werden wird, von den höheren Weihen aber, die das akademische System Frankreichs bereithält, ist er Lichtjahre entfernt. Eine dritte Kandidatur, zu der Maurice Mérlau-Ponty ihn 1954 zu überreden versucht, lehnt Lévi-Strauss ab, ebenso wie schon 1953 einen Ruf nach Harvard. Stattdessen richtet er sich in seiner »kleinen Bohème-Existenz« (NuF 89) ein, gibt schweren Herzens den Plan auf, den *Elementaren Strukturen der Verwandtschaft* ein Buch über komplexe Verwandtschaftsstrukturen nachfolgen zu lassen, und zieht, kaum sechsundvierzig Jahre alt, die Bilanz seines Lebens als Ethnologe. In nur vier Monaten entsteht so im Jahr 1955 *Traurige Tropen*, ein Buch, das Lévi-Strauss nach eigener Auskunft nie zu veröffentlichen gewagt hätte, wäre er noch in den Wettstreit um einen Universitätsposten verwickelt gewesen (NuF 79).

Der unmittelbare Schaden, den *Traurige Tropen* für Lévi-Strauss' Reputation bedeutete, ist schwer abzuschätzen. Zwar wurde das Werk in literarischen Zirkeln sehr wohlwollend aufgenommen, die Ethnologie reagierte jedoch auffällig kühl. Paul Rivet, ehemals Direktor des Musée de l'Homme und seinerzeit immer noch einer der einflussreichsten Ethnologen des Landes, brach nach der Veröffentlichung den Kontakt zu Lévi-Strauss ab und war erst wenige Tage vor seinem Tod zu einer Aussöhnung bereit (NuF 91). Dennoch gelang Lévi-Strauss 1959 ohne weitere Probleme im dritten Anlauf die Wahl ins Collège. Man liegt aber wohl nicht falsch, wenn man vermutet, dass die Wahl eher trotz als wegen *Traurige Tropen* erfolgte.

Die Aufnahme ins Collège de France bedeutet für Lévi-Strauss vor allem einen erheblichen Zugewinn an akademischer Unabhängigkeit. Die Professoren des Collège müssen lediglich jedes Jahr ein neues Thema behandeln, sind darüber hinaus aber von den Beschwernissen des Unterrichtens und der Hochschulverwaltung weitgehend befreit. Lévi-Strauss nutzt diese neue Freiheit und widmet sich gleich einer ganzen Reihe von Projekten. Er ruft das Laboratoire d'anthropologie sociale ins Leben, das gleichzeitig zum CNRS, zum Collège de France und zur École des hautes études gehört, gründet die Zeitschrift *L'Homme* und erlebt ein Jahrzehnt, das – jedenfalls gemessen am wissenschaftlichen Output – das produktivste seiner Laufbahn sein wird. In rascher Folge veröffentlicht er *Das Ende des Totemismus*, *Das wilde Denken* und die vier Bände der *Mythologica*.

Nicht zuletzt die enorme literarische Produktion zwischen 1962 und Anfang der 1970er Jahre dürfte dazu beigetragen haben, dass Lévi-Strauss 1973 als Nachfolger Henri de Montherlants und erster Ethnologe in die Académie Française gewählt wird. Im engeren Kollegenkreis wird die Wahl mit großer Skepsis aufgenommen, vor allem wegen der extrem konservativen Grundausrichtung, die man der Académie nicht ganz zu Unrecht unterstellt. Lévi-Strauss fügt sich jedoch nahtlos in die Institution ein.[26] Wenig überraschend übrigens, wie er selbst meint. Schließlich gebe es, wenn man sein Leben damit verbringe, die Riten und Institutionen entlegener Populationen zu erforschen, wohl kaum einen vernünftigen Grund, sich den Riten und Institutionen der eigenen Gesellschaft zu verweigern (NuF 126).

Das wissenschaftliche Hauptwerk

Claude Lévi-Strauss hat im Laufe seines langen Lebens mehrere hundert Aufsätze und knapp zwanzig Bücher verfasst. Die Anzahl variiert, je nachdem, ob man die in Zeitschriften erschienenen Aufsätze in Buchlänge und die in Buchform veröffentlichten Aufsatzsammlungen dazurechnet oder nicht, und allein die unkommentierte Auflistung der Veröffentlichungen nimmt mühelos den Umfang einer eigenständigen Aufsatzpublikation an.[27] Erwähnt werden daher im Folgenden nur die wichtigsten Veröffentlichungen.

Lévi-Strauss' erste Publikation in Buchlänge (und zugleich die einzige, die eine ethnographische Monografie im engeren Sinne des Wortes darstellt) erscheint 1948: *La vie familiale et sociale des Indiens Nambikwara.*[28] Schon im darauffolgenden Jahr veröffentlicht er mit *Les structures élémentaires de la parenté* das Werk, das die strukturale Methode in den Wissenschaften vom Menschen begründet und erstmals auf den Bereich der sozialen Interaktion anwendet. Einige der darin vertretenen Thesen mögen inzwischen überholt sein, aber bis heute kommt kaum eine verwandtschaftsethnologische Studie um die Auseinandersetzung mit dem Buch herum. Die Verwandtschaftsethnologie wird dann auch wenigstens während einiger weniger Jahre weiterhin das beherrschende Thema von Lévi-Strauss' Arbeit bleiben.

Eine erste Zäsur der inhaltlichen Ausrichtung markiert die Wahl Lévi-Strauss' in die fünfte Sektion der École pratique des hautes études im Jahr 1950. Die Abteilung ist bis heute den Religionswissenschaften vorbehalten, und Lévi-Strauss richtet seinen Forschungsschwerpunkt entsprechend dieser Vorgabe neu aus. Die Aufsatzveröffentlichungen aus den 1950er Jahren bezeugen ein wachsendes Interesse an Fragen der Mythologie und der Klassifikationssysteme. Zugleich tritt das real beobachtbare soziale Handeln verstärkt in den Hintergrund und rückt die formale Arbeitsweise des menschlichen Geistes allmählich ins Zentrum von Lévi-Strauss' Aufmerksamkeit. Der programmatische Aufsatz zur Mythenanalyse, in dem Lévi-Strauss die strukturale Methode entwickelt, die er fast ein Jahrzehnt später in den vier monumentalen Bänden der *Mythologica* anwenden wird, erscheint bereits 1955 (SM). Ihren ersten Niederschlag in Buchlänge zeitigt die Interessenverschiebung jedoch erst 1962, als in rascher Folge *Le totemisme aujourd'hui* (dt. *Das Ende des Totemismus*) und *La pensée sauvage* (dt. *Das wilde Denken*) erscheinen. Man kann darüber streiten, ob der bald darauf erfolgte Übergang zur Mythenanalyse einen ähnlich starken Einschnitt darstellt wie die Abkehr von den Verwandtschaftssystemen. Ohne Zweifel stellen die zwischen 1964 und 1971 erschienenen vier Bände der *Mythologica*, jenes, wie Clifford Geertz (1990:37) es einmal nannte, »Protokoll über den Geist, der frei in den Gefilden einer eigenen Bildersprache Freudentänze aufführt«, den Höhepunkt des Lévi-Strauss'schen Schaffens dar. Vieles spricht aber dafür, hier doch weniger eine Neuorientierung anzunehmen, als vielmehr von einer Variation über demselben Grundthema auszugehen: der Art und Weise nämlich, wie der menschliche Geist die natürliche Umwelt kategorisiert, systematisiert und kodifiziert.

Der Fokus der einzelnen Bücher mag auf unterschiedlichen Aspekten dieser Einteilungsarbeit liegen, letztlich aber geht es Lévi-

Strauss stets um die Suche nach den unwandelbaren Gesetzen, die dem Denken und Agieren der Menschen zugrunde liegen. Der Mensch als handelndes Subjekt spielt dabei allenfalls noch eine Rolle als epistemologisches Hindernis: Er verstellt den Blick auf die Strukturen, die sein Handeln leiten und die aufzudecken das Ziel der strukturalen Analyse ist. An die Stelle des Menschen tritt – und genau das sollte Lévi-Strauss während der vergangenen fünfzig Jahre immer wieder vorgeworfen werden – die »menschliche Natur«. Der Blick auf die Hervorbringungen des menschlichen Geistes eröffnet dabei keine neue Facette der Wirklichkeit, er zeigt lediglich, wie der Mensch sich die Wirklichkeit vorstellen muss, um die Widersprüche, die aus seiner Stellung in der Natur erwachsen, überwinden zu können. Lévi-Strauss selbst hat diese Haltung einmal als »Kantianismus ohne transzendentales Subjekt« bezeichnet.[29] Eingedenk der Lektionen, die er von Marx gelernt hat, könnte man stattdessen auch von einem »naturalistischen Materialismus« sprechen.

Ein oberflächlicher Blick auf das Lévi-Strauss'sche Werk lässt schnell den Eindruck einer gewissen Linearität entstehen. Während die Arbeiten über Verwandtschaftssysteme sich noch recht nah an konkreten gesellschaftlichen Praktiken orientieren, scheint sich Lévi-Strauss mit den Jahren immer weiter von diesen weg in Richtung universaler Denkprinzipien zu bewegen. Er selbst unterstützt diese Sicht durchaus (NuF 108), auch wenn er im Übrigen ein eher gespaltenes Verhältnis zu Fragen der Historizität an den Tag legt. Tatsächlich aber verläuft die Entwicklung seines Denkens weit weniger linear, als es den Anschein haben mag. Weder haben wir es mit einer kontinuierlichen Weiterentwicklung bestimmter Gedanken zu tun, bei der spätere Ansichten die früheren ergänzen oder revidieren, noch mit einem einzigen Grundgedanken, der lediglich von verschiedenen Seiten beleuchtet wird. Stattdessen verläuft das Werk in Sprüngen und greift dabei immer wieder Ideen und Themen auf, die zum Teil bereits Jahrzehnte zuvor in beinahe identischer Weise formuliert worden sind. So schließt der 1975 im französischen Original erschienene *Weg der Masken* nahezu bruchlos an Überlegungen aus den frühen 1940er Jahren an (WM 9). Die *Luchsgeschichte* von 1991 schreibt die *Mythologica* der 1960er Jahre weiter, und die 1994 erschienenen *Saudades do Brasil* (dt. *Brasilianisches Album*) setzen fort, was 1948 mit *La vie familiale et sociale des Indiens Nambikwara* begonnen und 1955 mit den *Traurigen Tropen* weitergeführt wurde. Man wird dem Gesamtwerk daher vermutlich eher gerecht, wenn man es in ähnlicher Weise als »zentrifugal« und einer Methode der »rosettenförmigen Aufrisse« folgend auffasst, wie Lévi-Strauss seine Vorgehensweise in den *Mythologica* angelegt hat, die »nicht auf einer linearen Achse fortschreite[t], sondern in einer Spirale, indem sie regelmäßig zu alten Ergebnissen zurückkehrt und neue Gegenstände nur insofern aufnimmt, als ihre Kenntnis diejenige zu vertiefen gestattet, von der zuvor lediglich die Rudimente gewonnen worden sind« (My I, 14f.).

Die Textproduktion nimmt auch nach Lévi-Strauss' Emeritierung im Jahr 1982 zunächst kaum ab. Im Schnitt alle drei Jahre veröffentlicht er ein neues Buch. Erst Mitte der 1990er Jahre wird es allmählich stiller um ihn. Zwar verfasst er auch im neuen Jahrtausend noch den einen oder anderen kleineren Text, sein wissenschaftliches Werk aber hält er im Großen und Ganzen für abgeschlossen. Aller Wahrscheinlichkeit nach werde er seinem bisherigen Werk nichts Substanzielles mehr hinzufügen, erklärt er an seinem 96. Geburtstag in einem Interview.[30] Auch vor dieser quasi offiziellen Rückzugserklärung verschiebt sich jedoch im Laufe der Jahre der Duktus der Werke allmählich stärker in Richtung einer essayistischen Darstellungsweise. Lévi-Strauss selbst siedelt sein Spätwerk optimistisch »auf halbem Wege zwischen Märchen und Kriminalroman« an, in Genres mithin, die man nicht als besonders schwierig beschreiben würde (LG 13). Dieser Eindruck stellt sich bei der Lektüre der entsprechenden Texte nicht unbedingt ein, richtig daran ist aber zweifellos, dass die jüngeren Publikationen den mitunter spröden Formalismus früherer Schriften weit hinter sich gelassen haben und sich dem Leser deutlich leichter erschließen als das Werk der 1950er und 1960er Jahre. Erstaunlicherweise gelingt Lévi-Strauss diese Veränderung der Tonlage, ohne dass dabei der wissenschaftliche Anspruch auf der Strecke bleibt.

Es ist üblich geworden, bei der Betrachtung des Lévi-Strauss'schen Werkes thematisch vier Hauptbereiche zu unterscheiden und ihnen einen oder zwei repräsentative Texten zuzuordnen. Es sind dies für die Verwandtschaftsethnologie *Die elementaren Strukturen der Verwandtschaft*, für den Bereich der Klassifikationssysteme *Das Ende des Totemismus* und *Das wilde Denken*, für die Mythenanalyse der Aufsatz über *Die Struktur der Mythen* und die *Mythologica* und für die reflexiven, »metaethnologischen«, literarischen Aspekte der ethnologischen Tätigkeit die *Traurigen Tropen*. Die theoretische Fundierung der strukturalistischen Methode erfolgt darüber hinaus vor allem in den beiden Bänden der *Strukturalen Anthropologie* sowie ihrer Weiterführung unter dem Titel *Der Blick aus der Ferne*. Aus Gründen der Handhabbarkeit soll diese Unterteilung im Folgenden übernommen werden. Es sei aber noch einmal nachdrücklich darauf hingewiesen, dass eine scharfe Trennung dieser Bereiche weder in der chronologischen noch in der inhaltlichen Entwicklung der Lévi-Strauss'schen Gedanken gründet, sondern allein heuristischen Überlegungen geschuldet ist.

2. Strukturalismus

Es war schon die Rede davon, dass Lévi-Strauss' Strukturalismus anfänglich eher »naiver« Natur war (NuF 65), eine Art intuitiver Strukturalismus, der sich zwar bruchlos an bestehende Theorien anschließen ließ, den Lévi-Strauss jedoch unabhängig von diesen entwickelt hatte. Die Freundschaft mit Roman Jakobson im New Yorker Exil sollte dieser Naivität freilich rasch ein Ende bereiten. Bereits 1945 veröffentlicht Lévi-Strauss in der linguistischen Zeitschrift *Word* den programmatischen Aufsatz »Die Strukturanalyse in der Sprachwissenschaft und in der Anthropologie«[31], in dem er erstmals explizit den Versuch unternimmt, die Prinzipien der strukturalen Linguistik auf die Ethnologie zu übertragen. Er baut dabei vor allem auf Überlegungen auf, die von den Vertretern der sogenannten Prager Schule – hauptsächlich besagtem Jakobson und Nikolaj Trubetzkoy – angestellt worden waren. Insbesondere Jakobson hatte in seinen Schriften zur Poetologie und Narratologie eine erste Ausweitung der strukturalen Methode auf Gebiete jenseits der Sprachwissenschaft betrieben. Ferdinand de Saussure hingegen, der gemeinhin als Begründer des Strukturalismus gilt, spielt für diese Phase des Lévi-Strauss'schen Schaffens offensichtlich allenfalls eine mittelbare Rolle als theoretischer Wegbereiter und Stichwortgeber für die Autoren der Prager Schule. Saussures Namen erwähnt Lévi-Strauss zwar bereits in zwei frühen Aufsätzen (SA I, 45; EM 40), gleichwohl deutet doch vieles darauf hin, dass er den *Cours de linguistique générale* erst relativ spät gelesen hat. In seinen Publikationen aus den 1940er

Jahren jedenfalls (inklusive der *Elementaren Strukturen der Verwandtschaft*) findet sich kein Hinweis darauf, dass er ihn bis zu diesem Zeitpunkt auf andere Weise als durch Sekundärliteratur vermittelt zur Kenntnis genommen hätte. Aber vermittelt oder nicht, die Nähe des Lévi-Strauss'schen Strukturalismus zu den erkenntnistheoretischen und methodischen Entwürfen des Schweizer Sprachwissenschaftlers ist unbestritten. Es scheint daher angemessen, wenigstens kurz auf die sprachwissenschaftliche Grundlegung der strukturalen Methode einzugehen.

Der *Cours de linguistique générale* war in seiner ursprünglichen Form tatsächlich ein »Cours«, eine Vorlesung, die Ferdinand de Saussure in den Jahren 1906 bis 1911 an der Universität Genf hielt. Der später unter seinem Namen bekannt gewordene Text wurde erst nach Saussures Tod von zwei seiner Studenten, Charles Bally und Albert Sechehaye, nach Vorlesungsmitschriften zusammengestellt und veröffentlicht.[32] Der Fokus des Textes liegt eindeutig auf Fragen der Sprachwissenschaft, Saussure stellt darüber hinaus jedoch eine Reihe von Überlegungen an, die schon bald auch in Gebiete jenseits der Linguistik ausstrahlen und jenen Paradigmenwechsel einleiten sollten, der ein gutes halbes Jahrhundert später als *linguistic turn* bezeichnet werden wird.

Den auf den ersten Blick stärksten Bruch mit den vorstrukturalistischen Ansätzen bildet dabei die Abkehr von der historischen Perspektive. Saussure unterscheidet bei der Untersuchung von Sprachen zunächst einmal zwei grundsätzliche Betrachtungsebenen: die seinerzeit vorherrschende *diachronische* Perspektive, die das historische Werden einer Sprache analysiert, und die *synchronische*, die den Faktor Zeit weitgehend vernachlässigt. Zu einem Zeitpunkt, da die Sprachwissenschaft sich vorrangig Problemen der Sprachgeschichte und der Etymologie widmet, blendet Saussure die Frage nach der *Herkunft* der Begriffe wenigstens vorübergehend aus und schlägt stattdessen vor, die Beschaffenheit einer gegebenen Sprache zu einem bestimmten Zeitpunkt zu betrachten. Dieser Schritt war seinerzeit revolutionär, er hat aber durchaus Parallelen in anderen Disziplinen, in denen sich etwa zur gleichen Zeit eine ähnliche Verschiebung des Forschungsinteresses in Richtung Synchronie beobachten lässt. Im Bereich der Ethnologie etwa finden die gegensätzlichen Betrachtungsweisen ihre Spiegelung in den unterschiedlichen Zeithorizonten der evolutionistischen und diffusionistischen Schulen einerseits und der funktionalistischen, struktur-funktionalistischen und strukturalistischen andererseits. Lag bei den beiden erstgenannten der Schwerpunkt des wissenschaftlichen Interesses noch auf der Frage, wie Gesellschaften so *geworden sind*, wie sie sich dem zeitgenössischen Beobachter präsentieren, untersuchen die drei letztgenannten vorrangig, wie diese Gesellschaften *sind*.

Die zweite strukturalistische Grundunterscheidung ist die zwischen *langue* und *parole*, zwischen der Sprache als System und der konkreten, einmaligen Sprachäußerung bzw., kürzer gesagt, zwischen »Sprache« und »Sprechen«. Diese Unterscheidung trennt nicht nur das Soziale vom Individuellen, sondern auch das Wesentliche vom mehr oder weniger Zufälligen.[33] Phonetische Analysen haben gezeigt, dass es auch der gleichen Person niemals gelingt, ein Wort zweimal exakt gleich auszusprechen. Hinreichend empfindliche Aufzeichnungsgeräte vermerken stets kleine Abwandlungen der Lautgestalt. Vokale sind kürzer oder länger, die Tonhöhe kann zu- oder abnehmen, Konsonanten werden stärker oder weniger stark behaucht usw. Dennoch würde wohl niemand behaupten, es handle sich deshalb bei diesen Varianten um unterschiedliche Wörter. Das »eigentliche« sprachliche Zeichen existiert also unabhängig von seiner konkreten Artikulation im Akt des Sprechens. Und ihm allein, nicht seinen veränderlichen Realisierungen, gilt das Interesse Saussures. Auch diese Unterscheidung findet ihre Entsprechung in zahlreichen Nachbardisziplinen. Für Lévi-Strauss' ethnologische Arbeit ist sie vor allem mit Blick auf die Analyse von Verwandtschaftssystemen und Mythen grundlegend. Mit ihrer Hilfe nämlich lässt sich die potenziell unendliche Zahl möglicher Heiratsformen und Erzählweisen auf eine überschaubare Zahl von Regeln und Transformationen zurückführen und eine Art Syntax von Verwandtschaft und Mythologie skizzieren (My I, 20).

Drittens wird auf der Ebene der Zeichen unterschieden zwischen Signifikat (*signifié*) und Signifikant (*signifiant*), zwischen Bezeichnetem und Bezeichnendem. Bei beiden handelt es sich zunächst einmal um rein mentale Phänomene. Das Signifikat ist mithin kein Objekt der natürlichen Umwelt, sondern die *Vorstellung*, die sich der Zeichenbenutzer davon macht, der Signifikant keine konkrete Lautfolge, sondern ein *Lautbild*.[34] Die Beziehung zwischen diesen beiden Aspekten des Zeichens ist nun nicht, wie man lange glaubte, nomenklatorischer Natur. Es geht also keineswegs darum, eine vorgegebene Anzahl außersprachlicher Gegenstände (Baum, Haus, Tisch etc.) mit einer entsprechenden Anzahl von Ausdrücken zu versehen. Vielmehr scheint umgekehrt die kognitive Erfassung der Welt wenigstens zum Teil überhaupt erst dem Vorhandensein oder Nichtvorhandensein differenzierender Zeichen geschuldet, scheinen es mithin die Zeichen zu sein, die unsere Wahrnehmung der Umwelt in bestimmte Bahnen leiten.

Dass Saussure das sprachliche Zeichen vorrangig als mentales (oder psychisches) Phänomen beschreibt, darf allerdings nicht darüber hinwegtäuschen, dass seine Zeichenkonzeption letztlich dem subjektiven Bewusstsein des Zeichenbenutzers keine besondere Bedeutung einräumt. Mehr noch, indem er die Bedeutungskonstitution allein auf die systemimmanente Differenzierung der Zeichen untereinander zurückführt, grenzt er nicht nur alle außersprachlichen Referenten aus, sondern in letzter Konsequenz auch das zeichengebrauchende Subjekt. Sprache (*langue*) ist hier ein überindividuelles, *soziales* Phänomen und existiert als solches unabhängig von den Wünschen und Vorstellungen des Einzelnen gleichsam *zwischen* den Gliedern einer Sprachgemeinschaft.[35] Dadurch entzieht sie sich zugleich dem *Bewusstsein* des einzelnen Sprechers, der lediglich noch als eine Art Durchgangsstation fungiert, über die sich die Sprache im Sprechen ausdrückt.[36] Im Werk von Lévi-Strauss wird dieser Aspekt der »unbewussten Infrastruktur« (SA I, 45) vor allem für den Umgang mit Mythen bedeutsam werden, die sich, so nimmt er an, gleichfalls »in den Menschen ohne deren Wissen denken« (My I, 26).

Die Beziehung zwischen Vorstellung und Lautbild ist bei all dem arbiträr, also durch nichts in der Natur des Zeichens oder des außersprachlichen Referenten begründet.[37] Selbst vermeintlich motivierte Zeichen, wie Ausrufe oder Onomatopoetika (d.h. Klänge nachbildende Wörter) sind von dieser grundsätzlichen Beliebigkeit des sprachlichen Ausdrucks nicht ausgenommen.[38] Es gibt, mit anderen Worten, keinen *natürlichen* Zusammenhang, keine »notwendigen Beziehungen«, zwischen den beiden Aspekten des Zeichens.[39] Dies erklärt auch, weshalb der gleiche Signifikant mit gänzlich unterschiedlichen Signifikaten verknüpft sein kann. Entweder als Homonym innerhalb derselben Sprache (das Wort »Bank« etwa, einmal als Sitzgelegenheit, einmal als Geldinstitut) oder aber sprachenübergreifend (die Lautfolge /mist/ in einem deutschen oder in einem englischen Zeichenkontext). Nur über das Prinzip der Arbitrarität lässt sich auch sinnvoll begründen, weshalb sich die Bedeutung von Wörtern mit der Zeit wandeln kann (der Ausdruck »Dirne« beispielsweise bezeichnet in einem mittelhochdeutschen Text praktisch das Gegenteil dessen, was er heute bedeutet; hier bedurfte es nur weniger Jahrhunderte, und die *virgo* wurde zur *mulier impudica*).

Ebenfalls dem Grundsatz der Willkürlichkeit ist es zu verdanken, dass die Vorstellung von semantischen Universalien, die noch weite Teile der Sprachwissenschaft vor Saussure geleitet hat, vom Strukturalismus verabschiedet werden konnte. Gerade mit Blick auf außereuropäische Sprachen hat man das Fehlen bestimmter Differenzierungen lange Zeit als Indiz dafür genommen, dass die betreffende Sprache weniger entwickelt sei als die jeweilige europäische Referenzsprache. Tatsächlich aber ist ein solcher Schluss natürlich unzulässig. Vielmehr gilt ganz allgemein, dass *jede* Sprache, verglichen mit jeder anderen, in bestimmten Punkten ein weniger reiches, in anderen ein reicheres Vokabular aufweist. Die einzelnen Sprachen nehmen unterschiedliche Unterteilungen der Wirklichkeit vor, in eine hierarchische Ordnung bringen aber lassen sie sich auf dieser Basis nicht.

Dazu ein Beispiel aus dem europäischen Bereich. Das Wort »Huhn« ist – darüber dürfte vermutlich Einigkeit bestehen – weder besser noch schlechter als die Wörter »chicken« oder »poule« oder »gallina«. Es folgt einer anderen sprachlichen Konvention, die grundsätzliche Übersetzbarkeit der Ausdrücke aber steht außer Frage, und wohl niemand würde allen Ernstes behaupten wollen, eine der hier angeführten Sprachen sei den anderen drei über- oder unterlegen. Die Extension der Begriffe unterscheidet sich gleichwohl zum Teil erheblich. Im Deutschen nämlich bezeichnet der Ausdruck »Huhn« sowohl das Tier als auch sein Fleisch (»heute gibt es Huhn«). Die englischen, französischen und spanischen Wörter hingegen sind nur auf das Tier als Ganzes (lebend oder tot) anwendbar, während zur Benennung des Fleisches in allen drei Fällen eigene Begriffe gebraucht werden (poultry, poulet, pollo).

Ob die semantische Reichweite des sprachlichen Ausdrucks für ein eierlegendes und essbares Haustier nun also das Fleisch des Tieres mit einschließt oder nicht, hat offenbar nichts damit zu tun, was es außerhalb der Sprache *gibt*, sondern lediglich damit, wie eine Sprache das Kontinuum der außersprachlichen Wirklichkeit unterteilt. Das Ganze ist damit weniger eine Frage des inneren Zusammenhangs zwischen Ausdruck und Vorstellung als vielmehr eine der Stellung des Zeichens in der Gesamtheit der Zeichen derselben Sprache. Steht dem Ausdruck für die Vorstellung »Huhn« ein anderer Ausdruck zur Seite, der lediglich die zugehörige Fleischart benennt, zählt diese nicht zur semantischen Extension des Begriffs, fehlt diese Begrenzung, schließt er diese Bedeutung mit ein. Oder in der berühmten Darstellung Saussures:[40]

Entscheidend ist hier der *Systemcharakter* der Zeichen – ihre *Struktur*. Seine spezifische Bedeutung erhält das einzelne Zeichen dabei erst durch sein Nichtzusammenfallen mit allen anderen Zeichen. Dieses differenziellen Kontexts entkleidet, würde es zugleich jedes Sinnes beraubt. Es wäre dann so unverständlich wie ein Wort einer Sprache, die man nicht beherrscht. Zwar ließe sich unter Umständen immer noch erkennen, *dass* es sich dabei um ein Zeichen handelt, seine Bedeutung aber bliebe verborgen.

Diese Einsicht in die unhintergehbare Strukturalität aller Zeichenbedeutung führte Saussure zu seiner wohl bekanntesten These. In der Sprache, so die berühmte Formulierung, gibt es »nur Verschiedenheiten«. Und mehr noch: Während eine Verschiedenheit in der Regel nur zwischen klar bestimmten Einheiten besteht, gibt es in der Sprache nur Verschiedenheiten »ohne positive Einzelglieder«[41]. Wenngleich die Sprache also in letzter Konsequenz eine Verbindung herstellt zwischen einer Vorstellung und einem Lautbild, schafft diese Verbindung doch allein »eine Form, keine Substanz«[42].

Diese Idee von »Bestimmung-durch-Entgegensetzung«[43] ist nicht nur für den Strukturalismus grundlegend, sie kennzeichnet auch weite Teile des poststrukturalistischen Diskurses. Und mit der Betonung des *relationalen* Charakters von Zeichen hat Saussure nicht zuletzt der Ethnologie ein Paradigma bereitgestellt, das es erlaubt, andere Kulturen nicht mehr nach dem Grad ihrer Ähnlichkeit mit europäischen Konzepten zu beurteilen. Im Werk Lévi-Strauss' wird das Prinzip in mannigfacher Form Anwendung finden – bei der Untersuchung von Verwandtschaft ebenso wie bei seinen Überlegungen zum Totemismus, bei seiner Arbeit über Klassifikationssysteme genauso wie bei der Analyse von Mythen.

Die vierte Saussure'sche Unterscheidung schließlich betrifft das Verhältnis der einzelnen Terme zueinander. Die konkrete Bedeutung eines Zeichens ist dabei zweifach bestimmt: einerseits durch seine Stellung innerhalb einer *syntagmatischen* Reihe, andererseits durch seine *paradigmatischen* Beziehungen zu anderen Elementen desselben Systems.[44] Ein gern gewähltes Beispiel für diesen Sachverhalt ist die Speisekarte. Die einzelnen Gänge des Menus stellen dabei die syntagmatische Reihe dar (Vorspeise, Hauptgang, Nachspeise), paradigmatische Beziehungen bestehen zwischen den Gerichten, die jeweils eine der Positionen im Menü ausfüllen können (für den Bereich der Vorspeise also etwa Tomatensuppe, Zwiebelsuppe, Carpaccio, Salat etc.). Die »Bedeutung« der Tomatensuppe ergibt sich nun einerseits daraus, dass sie kein eigenständiges Gericht ist (wie sie es ja in einer Suppenküche durchaus sein könnte), sondern Teil des Menüs und in diesem Rahmen vor dem Hauptgang serviert wird, andererseits daraus, dass sie sich unterscheidet von der Zwiebelsuppe, dem Carpaccio und dem Salat, die *statt* ihrer gewählt werden könnten. Tomatensuppe, Rinderfilet und Tiramisu bilden also ein Syntagma, Tomatensuppe, Zwiebelsuppe, Carpaccio und Salat ein Paradigma. Während die Zahl der Bestandteile eines Syntagmas meist schon aus praktischen Gründen begrenzt ist, ist die der Elemente eines Paradigmas grundsätzlich nach oben offen. Dieser doppelten Bestimmung von Zeichen trägt Lévi-Strauss in seinem gesamten wissenschaftlichen Werk Rechnung. Am deutlichsten tritt sie bei seiner Arbeit mit Mythen zutage. Dabei markieren die syntagmatischen Beziehungen den linearen Verlauf der Erzählung vom Anfang zum Ende, die paradigmatischen stellen den Katalog von verwandten Themen und Motiven zur Verfügung, aus denen jeweils nur ein Element im konkreten Mythos realisiert wird.

Diese vier Grundunterscheidungen vorausgesetzt, besteht der erste Schritt der »strukturalistischen Tätigkeit«[45] nun im Auffinden der kleinsten bedeutungsdifferenzierenden Elemente des jeweils betrachteten Zeichensystems. Im Bereich der Linguistik wären dies beispielsweise die *Phoneme*, die zwar für sich allein genommen keine Bedeutung haben, aus deren Kombination aber alle größeren sprachlichen Einheiten hervorgehen. Wiederum gilt, dass das Phoneminventar von Sprache zu Sprache variiert. Zungen- und Rachen-R können unterschiedliche Phoneme darstellen, müssen es aber nicht. Manche Sprachen differenzieren zwischen /l/ und /r/, andere nicht. Tonhöhen und steigende oder fallende Akzente können bedeutsam sein oder unerheblich. Gemeinsam ist allen Sprachen lediglich, dass sie über ein je begrenztes Phoneminventar verfügen, dessen genaue Grenzverläufe sich über die sogenannte »Minimalpaaranalyse« bestimmen lassen.

Dabei sucht man nach Ausdrücken, die lediglich in einem einzigen Punkt voneinander abweichen, die aber dennoch unterschiedliche Vorstellungen bezeichnen. /Dank/ und /Tank/ beispielsweise stellen im Deutschen ein solches Minimalpaar dar. Sie teilen fast ihren gesamten Lautbestand, bis hin zu Artikulationsort (alveolar) und Artikulationsart (plosiv) des Anfangslauts. Im einen Fall aber ist dieser Anfangslaut stimmhaft (/d/), im anderen stimmlos (/t/). Ob ein Laut stimmhaft oder stimmlos ist, ist also ein Kriterium, das im Deutschen bedeutungsdifferenzierend wirkt. Das Gleiche gilt für den Artikulationsort (/Dank/ vs. /Bank/) und die Artikulationsart (/Dank/ vs. /Zank/) etc.

Das Denken in solchen Gegensatzpaaren mag eine Grundkonstante der Arbeit des menschlichen Geistes darstellen oder nicht, die Suche nach ihnen jedenfalls bestimmt weite Teile des strukturalistischen Tuns in allen Disziplinen. Identifiziert (oder konstruiert) werden dabei vorrangig *binäre* Gegensätze oder Oppositionspaare. Diese müssen keineswegs unbedingt besonders kleine Einheiten darstellen, wichtig ist vielmehr, dass sie eine Differenz ausdrücken, die logisch nicht weiter reduzibel ist: roh/gekocht, nackt/bekleidet, Inhalt/Behälter, überbewertete Verwandtschaftsbeziehung/unterbewertete Verwandtschaftsbeziehung, Natur/Kultur etc. Einmal identifiziert, können diese binären Gegensatzpaare dann wieder zu komplexeren Einheiten zusammengefasst und auf die Regelhaftigkeit ihrer Permutationen und Transformationen befragt werden.

Berühmt geworden ist in diesem Zusammenhang besonders das »kulinarische Dreieck«, in dem Lévi-Strauss verschiedene Zustände von Nahrung (roh/gekocht/verfault) mit unterschiedlichen Zubereitungsarten (Braten, Räuchern, Sieden) und den dazu eingesetzten Mitteln (Luft, Wasser) in einer einheitlichen Darstellung vereint (My III, 504-532). Der Gegensatz Natur/Kultur spielt dabei auf unterschiedlichen Ebenen eine Rolle, allerdings ist die Grenze zwischen den beiden Bereichen nicht ein für allemal festgelegt, sondern bestimmt sich erst über einen konkreten Kontext.

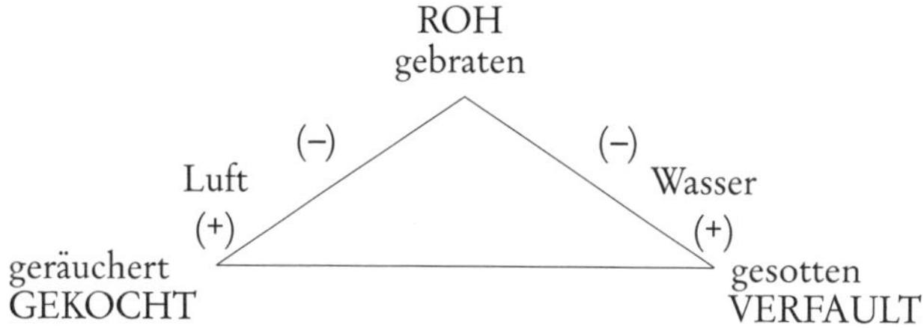

Das kulinarische Dreieck (My III, 525)

Grundsätzlich, so Lévi-Strauss, kann man Nahrung natürlich einfach so verzehren, wie man sie vorfindet: »roh« also. Zur Gewährleistung des biologischen Fortbestehens des menschlichen Organismus notwendig ist lediglich, dass die Natur nach dem Kriterium essbar/nicht-essbar unterteilt wird und man sich bei der Ernährung an Elemente der Kategorie »essbar« hält. Auch eine solche Kategorisierung ist zwar bereits vielfach kulturell überlagert (dass die europäische Küche etwa auf die Zubereitung von Hunden, Katzen oder Ratten verzichtet, ist ja keineswegs der Tatsache geschuldet, dass diese unverdaulich wären, sondern hat gänzlich andere – kulturelle – Gründe), doch befindet sich eine Ernährung, die auf jegliche Art der Verfeinerung verzichtet, offensichtlich recht nahe beim Pol »Natur«. Tendenziell eher in den Bereich der »Kultur« fallen entsprechend alle Nahrungsmittel, die vor dem Verzehr in irgendeiner Weise bearbeitet und verändert werden.

Eine solche Veränderung nun kann auf unterschiedliche Weise vonstatten gehen. Sie kann ihrerseits eher »natürlich« erfolgen (wenn Nahrungsmittel sich selbst überlassen verschimmeln, verfaulen oder verwesen) oder eher »kulturell« (wenn sie, wie beim Kochen oder Räuchern, technisch mehr oder weniger komplexe – vor allem aber *bewusst herbeigeführte* – Veränderungen erfahren). Die Zuweisung der beiden Label ist allerdings alles andere als einfach. Denn wenngleich vermutlich Einigkeit darüber besteht, dass gekochte Nahrung das Ergebnis eines kulturellen Prozesses darstellt, zeigt etwa der Blick auf die Herstellung von Käse, dass sich auch das Schimmeln keineswegs immer als ausschließlich der Natur zugehöriger Vorgang beschreiben lässt. Mehr noch, selbst das einfache Warten, bis ein bestimmter Grad von Fäulnis erreicht ist, kann durchaus Züge eines kulturellen Aktes annehmen. Wenn beispielsweise einige nordamerikanische Sioux-Völker dem frischen Fleisch des Bisons das eines toten Tieres vorziehen, dessen Kadaver zudem vorher am besten noch eine Weile im Wasser gelegen hat, dann wird man dieser Wahl schwerlich eine gewisse Kulturalität absprechen können; und dies umso weniger, als auch die Sprache der Dakota das Verwesen oder Schlechtwerden unter äußerem Einfluss mit demselben Verb bezeichnet wie das Sieden eines zerschnittenen und mit anderen vermischten Nahrungsmittels (My III, 516). Tendenziell also mag sich das Verfaulen näher beim Pol der Natur befinden, ein für allemal (und vor allem kulturübergreifend) zu ziehen aber ist die Grenze zwischen Verfaulen und Kochen, zwischen Natur und Kultur nicht. So lassen sich denn auch die drei Eckpunkte des kulinarischen Grunddreiecks zwar problemlos benennen, was aber tatsächlich in die Kategorien »roh«, »gekocht« und »verfault« fällt, variiert von Gesellschaft zu Gesellschaft.

Es ist an dieser Stelle wichtig, sich zu vergegenwärtigen, dass Lévi-Strauss mit den Begriffen nicht Zubereitungsarten von Nahrung meint, sondern sehr allgemein *Zustände* bezeichnet. Auf welchem Wege der jeweilige Zustand erreicht wird, ist auf dieser Ebene des kulinarischen Dreiecks unerheblich. Nahrung, die der Kategorie »gekocht« zugeordnet wird, muss also keineswegs auch tatsächlich gekocht worden sein. Auch ein geputzter und angemachter Salat fiele in diese Rubrik, weil für seine Zubereitung eine ganze Reihe kulturspezifischer Verfeinerungsverfahren nötig sind. Techniken, deren kulturelle Dimension sich ja nicht zuletzt in den Bezeichnungen der Dressings niedergeschlagen hat: French, Italian, American etc.

Die Begriffswahl mag auf den ersten Blick ein wenig verwirrend erscheinen, sie ist aber zugleich beispielhaft für eine von Lévi-Strauss' großen Stärken: die Fähigkeit nämlich, konkrete Gegenstände in abstrakten Begriffen zu fassen, ohne ins Beliebige abzugleiten. Zwei rhetorische Figuren verwendet er dabei bevorzugt: die *Synekdoche* und die *Metonymie.* Im Fall der Synekdoche ersetzt er einen Ausdruck durch einen semantisch engeren oder weiteren Begriff. Dies ist insofern von Bedeutung, als der Synekdoche schon immer eine doppelte Zielrichtung innewohnt: eine induktive, die es erlaubt, vom Besonderen auf das Allgemeine zu schließen und die Gesetze offenzulegen, nach denen jenes funktioniert, und eine deduktive, die in der Anwendung dieser allgemeinen Gesetze (*lois générales*) auf konkrete Einzelfälle besteht. Beispiele für dieses Verfahren finden sich bei Lévi-Strauss zuhauf. Der Körper eines Fuchses wird zum »Behälter« (My II, 100) und ein Baumstamm zum »Gefängnis« (My II, 116), der Zeugungsakt zum »Befüllen« und die Geburt zum »Entleeren« (My II, 258), ein Mokassin nicht nur zum »Kulturgegenstand«, sondern, je nach Kontext, mal zu »Land«, mal zu »Anti-Land« (WD 166) etc.[46]

Mit dem letzten Beispiel, dem Mokassin, wird zum Teil bereits *metonymisches Terrain* betreten. Der Modus der Ersetzung nämlich findet hier nicht mehr auf derselben Begriffsebene statt, wo er vor allem eine Frage des Maßstabs wäre, sondern beruht in erster Linie auf einer gewissen semantischen Anschließbarkeit des ersetzenden Ausdrucks an den ersetzten. Dieses auf Berührung, Nachbarschaft oder Kontiguität beruhende Verhältnis wird üblicherweise als eine »reale« Beziehung charakterisiert, doch definiert sich die »res«, von der sich der Begriff »real« ableitet, im Kontext der Rhetorik weniger als physikalisches Ding und Gegenstand zum Anfassen als vielmehr als Gegensatz zum »verbum«. Wenn von einem »realen Zusammenhang« zwischen Gesagtem und Gemeintem die Rede ist, bedeutet das also letztlich nur, dass ein gedanklicher, wie auch immer gearteter argumentativer Zusammenhang zwischen eigentlicher und übertragener Bedeutung besteht.[47] Man vertauscht Ursache mit Wirkung (in fremden Zungen sprechen), Autor mit Werk (Lévi-Strauss lesen), einen Ort mit seinen Bewohnern (Frankreich hat gewählt), das Gefäß mit seinem Inhalt (Trinken wir noch ein Glas) und so fort.

Die Frage, ob Begriffe »benachbart« sind, lässt sich freilich nicht so einfach abstrakt beantworten, wie es vielleicht scheinen mag. Letztlich hängt das Funktionieren einer Metonymie stets vom Willen des Zuhörers oder Lesers ab, der eine semantische Nähe der betreffenden Begriffe anzunehmen gewillt ist oder nicht (so wird man den Ausdruck »Weimar« kaum durch den Ausdruck »Buchenwald« ersetzen wollen, auch wenn die so bezeichneten Orte sich in unmittelbarer Nachbarschaft zueinander befinden und – die unterschiedlichen Assoziationen, die die Namen hervorrufen, einmal außen vor gelassen – eine semantische Nähe wenigstens, was die Geografie betrifft, unbestritten ist). Wenn Lévi-Strauss also einen Salat der Kategorie »gekocht« zuordnet, ist das nur so lange absurd, wie man nicht bereit ist, die Bedeutungserweiterung der Bezeichnung auf »Nahrung, die vor dem Verzehr einer bewusst herbeigeführten Veränderung unterzogen wurde«, zu akzeptieren. Lässt man sich hingegen auf das Spiel ein, eröffnen sich überaus überraschende Einsichten in die allgemeinen Prinzipien, die beispielsweise dem gesellschaftsspezifischen Umgang mit Nahrungsmitteln zugrunde liegen.

In ähnlicher Weise unterscheidet Lévi-Strauss nun bei seiner Untersuchung des kulinarischen Dreiecks drei Zubereitungsarten, die er an die Pole des Grunddreiecks arrangiert: Braten, Räuchern und Sieden. Sie unterscheiden sich sowohl hinsichtlich ihrer Mittel und technologischen Voraussetzungen als auch hinsichtlich des Abstands zwischen Flamme und Nahrung sowie hinsichtlich ihres Ergebnisses. Analog zur linguistischen Minimalpaaranalyse über Kriterien wie Artikulationsort, Artikulationsart und Stimmhaftigkeit lässt sich hier ein Merkmalskatalog erstellen, der jede der drei Zubereitungsarten von den beiden anderen absetzt. So erfordert das Braten zunächst einmal eine weit weniger komplexe Technologie als das Räuchern und Sieden. Streng genommen erfordert es nicht einmal einen Stock, auf den man das Bratgut aufspießt und in die Flammen hält, es reicht bereits, es mit heißer Asche zu bedecken. Wiederum sollte man sich also davor hüten, den Begriff in seiner Alltagsbedeutung zu verstehen. Was Lévi-Strauss in diesem Zusammenhang »Braten« nennt, würde in einem Kochbuch meist eher als Backen oder Grillen oder Flambieren etc. firmieren, als Zubereitungsart also, deren Durchführung durchaus komplexe Arbeitsschritte und einen erheblichen technischen Aufwand erforderlich machen kann. Entscheidend für die Abgrenzung vom Sieden oder Räuchern ist denn auch letztlich weniger, mit welchen Mitteln das Ergebnis erreicht wird, als vielmehr, welche Mittel dafür *nicht* erforderlich sind. Weder braucht es Wasser, wie beim Sieden, noch Luft (im Sinne eines *Abstands* zwischen Flamme und Kochgut), wie beim Räuchern. Ein weiteres Distinktionsmerkmal gegenüber den beiden anderen Zubereitungsarten ist der Durchgarungsgrad, der sich erzielen lässt. Eine gleichmäßige Garung lässt sich beim Braten nicht erreichen, oft sind Teile des Kochgutes im Ergebnis noch nahezu roh, andere verbrannt. Die beim Braten auftretende partielle Zerstörung der Nahrung ist es auch, die Lévi-Strauss dazu bewegt, es als »aristokratische« Zubereitungsart zu klassifizieren (im Gegensatz zu den beiden anderen sparsamen, »plebejischen« Methoden).

Das Räuchern wiederum unterscheidet sich vom Braten und Sieden sowohl durch die Distanz, die zwischen Flamme und Nahrung gebracht werden muss, als auch durch die Dauer, die die Zubereitung in Anspruch nimmt, als auch durch die extreme Widerstandsfähigkeit gegen Fäulnis, die die Nahrung nach dem Räuchern aufweist (Letzteres ist auch der Grund, weshalb Lévi-Strauss das Räuchern und nicht das Sieden dem Zustand »gekocht« zugeordnet hat). Ein weiteres differenzierendes Merkmal besteht im Umgang mit dem »Kochgeschirr«. Anders nämlich als beim Kochen mit Wasser, wo die Töpfe in der Regel sorgfältig behandelt und aufbewahrt werden, muss der zum Räuchern verwendete Rost bei einigen Gesellschaften sofort nach Gebrauch zerstört werden, da sich sonst, so glaubte man jedenfalls in Guayana, das Wild rächen und seinerseits den Jäger räuchern würde (My III, 522). Hier lässt sich, nebenbei bemerkt, eine erstaunlich symmetrische Beziehung zwischen dem Umgang mit der Nahrung und jenem mit dem Kochgeschirr beobachten. Die Dauerhaftigkeit des Ergebnisses nämlich korrespondiert offensichtlich der Zerstörung des Mittels und umgekehrt.

Das Sieden schließlich ist verschieden vom Braten und Räuchern, insofern es ein zusätzliches Mittel (Wasser) erfordert. Seine semantische Nähe zum Verfaulen ist vielleicht nicht auf den ersten Blick ersichtlich, doch lässt sie sich tatsächlich sprachgeschichtlich schlüssig begründen. Dazu muss man gar nicht, wie im oben erwähnten Sioux-Beispiel, den europäischen Bereich verlassen. Auch manche romanischen Bezeichnungen für Eintopfgerichte verhüllen nur notdürftig die semantische Affinität dieser Speise zum Verwesenden und Verfaulenden. Das gilt für das spanische *olla podrida* ebenso wie für den französischen *potpourri* (My III, 516).

Die Unterschiede zwischen Braten, Kochen und Räuchern lassen sich in einer Tabelle zusammenführen. Für die Minimalpaaranalyse entscheidend sind dabei vor allem die ersten drei Spalten, die bereits eine eindeutige Identifizierung der drei Zubereitungsarten anhand dreier Merkmale erlauben. Die Tabelle kann jedoch nach rechts nahezu beliebig um weitere Kriterien erweitert werden.

	Nähe	Dauer	Durchgarung	Haltbarkeit Endprodukt	Haltbarkeit Kochgerät	Sparsamkeit	...
Braten	+	–	–	+/–	+/–	–	...
Sieden	+	–	+	+/–	+	+	...
Räuchern	–	+	+	+	–	+	...

Ins kulinarische Dreieck eingepasst lassen die Zubereitungsarten unterschiedliche Grenzziehungen zwischen den Polen Natur und Kultur zu. Je nachdem, welche Merkmale man im Einzelfall für relevant erachtet, kann sie parallel zu einer beliebigen Seite des Dreiecks verlaufen.

In Bezug auf *Technologie* und *Durchgarung* befindet sich das Gebratene auf der Seite der Natur, Geräuchertes und Gesottenes dagegen auf der der Kultur. In Bezug auf die eingesetzten *Mittel* stehen Gebratenes und Geräuchertes auf der Seite der Natur, das Gesottene auf der der Kultur. Und hinsichtlich der *Halt-*

barmachung gegen Fäulnis findet sich das Geräucherte auf der Seite der Kultur, Gebratenes und Gesottenes auf der der Natur. Jeder der drei Eckpunkte des Dreiecks kann, mit anderen Worten, in wenigstens einer Hinsicht zu den beiden anderen in eine differenzielle Beziehung gesetzt werden und lässt sich in Abgrenzung zu den anderen beiden definieren.

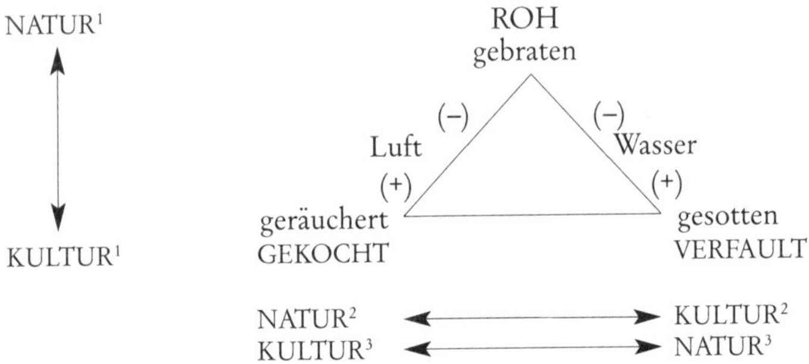

Bis hierhin mag sich das Ganze noch wie eine intellektuelle Spielerei ausnehmen. Die strukturale Analyse aber bleibt natürlich an dieser Stelle nicht stehen. Die aus der Beobachtung konkreter Praktiken abgeleiteten Strukturen können nun als Regeln auf den Bereich der Phänomene projiziert werden. In einem nächsten Schritt untersucht Lévi-Strauss denn auch, wie sich die kategorialen Grundunterscheidungen in komplexere Zusammenhänge einschreiben. Was beispielsweise gilt in einer bestimmten Gesellschaft überhaupt als roh, gekocht oder verfault? Welche Nahrungsmittel können mit welchen anderen kombiniert werden? Was dürfen Männer essen, was Frauen? Welche Speisen sind für eine Festtafel angemessen, welche nicht? Was serviert man Gästen, was nur den engsten Verwandten? In welcher Reihenfolge sind die Bestandteile eines Menus aufzutragen?

Triadische Skizzen wie das »kulinarische Dreieck« beantworten solche Fragen nicht. Sie geben dem Kulturwissenschaftler aber ein Instrument an die Hand, mit dessen Hilfe er sich an Erklärungen versuchen kann. Indem sie die konkreten Objekte und Handlungen vernachlässigen und die Oberflächenerscheinungen auf strukturelle Beziehungen zurückführen, erlauben sie einen frischen Blick auf Zusammenhänge, die einer rein phänomenologischen Analyse notwendig verschlossen bleiben müssten. Lévi-Strauss' vor allem in den 1950er und 1960er Jahren noch gelegentlich geäußerter Optimismus, auf diesem Wege tatsächlich zu einer »tieferen Realität« vorzudringen,[48] hat sich vielleicht nicht bestätigt. Auch die strukturale Analyse weist blinde Flecken auf. Diese aber befinden sich an anderer Stelle als jene der nicht-strukturalistischen Ansätze. Man mag heute, wie es auch im poststrukturalistischen Denken *en vogue* gewesen ist, Strukturen keinen besonderen ontologischen Status mehr zuerkennen, als heuristisches Instrument aber, mit dem die Phänomene geprüft und umfassenderen Korrelationen zugeführt werden können, hat die Suche nach ihnen nichts von ihrer Legitimation verloren.

3. »Das große Spiel der Ehe« – Strukturen der Verwandtschaft

Die Erforschung von Verwandtschaftssystemen zählt seit der Gründung des Fachs zu den klassischen Betätigungsfeldern der Ethnologie. Beobachtungen aus diesem Bereich haben in den vergangenen anderthalb Jahrhunderten nicht zuletzt zahlreiche theoretische Neuorientierungen angestoßen oder befördert, und es überrascht daher nicht, dass auch Lévi-Strauss sich des Themas bereits zu einem frühen Zeitpunkt seines wissenschaftlichen Schaffens annahm. Seine Arbeiten auf diesem Gebiet fallen vor allem in die 1940er Jahre.[49] Das wichtigste Ergebnis dieser Auseinandersetzung, die 1949 veröffentlichte Dissertationsschrift *Les structures élémentaires de la parenté*, kann dabei zunächst einmal als Erweiterung der von Marcel Mauss in seinem *Essai sur le don* angelegten Theorie des Gabentauschs betrachtet werden. Lévi-Strauss hat diese thematisch auf den Austausch von Frauen ausgedehnt und sich ihr methodisch mit dem gerade in Entwicklung begriffenen strukturalistischen Instrumentarium genähert.

In den modernen westlichen Gesellschaften spielen Fragen der Verwandtschaft allenfalls noch eine untergeordnete Rolle. Die meisten Menschen, mit denen wir täglich Umgang haben, sind nicht mit uns verwandt, und entsprechend schwach ausgebildet ist die Terminologie, die die Alltagssprache uns für diesen Bereich bereitstellt. Nehmen wir etwa den neuhochdeutschen Begriff »Onkel«. Er lässt sich weitgehend unproblematisch übersetzen in die meisten anderen modernen europäischen Sprachen: uncle, oncle, zio, tio, oom, thios etc. Viele außereuropäische Sprachen verfügen jedoch über keinen äquivalenten Begriff. Und das nicht, weil in den entsprechenden Gesellschaften das Abstammungsverhältnis in schräger Linie unbekannt wäre, sondern weil diese Beziehung, im Gegenteil, weit stärker differenziert wird als bei uns. Der Onkel mütterlicherseits wird häufig strikt vom Onkel väterlicherseits unterschieden, und niemand dort verfiele auf die ungehörige Idee, Mutterbruder und Vaterbruder terminologisch gleichzusetzen (ganz zu schweigen von den lediglich angeheirateten Onkeln und Tanten). Das Norwegische nimmt diese Differenzierung noch heute vor (morbro / farbro), und auch das Mittelhochdeutsche unterschied strikt zwischen Verwandten mütterlicher- und väterlicherseits (oheim / vetter bzw. muome / base).[50]

Die scheinbare Selbstverständlichkeit, mit der Fragen der Verwandtschaft bei uns in den Hintergrund gerückt sind, darf freilich nicht darüber hinwegtäuschen, dass in weiten Teilen der Welt und während praktisch der gesamten historisch dokumentierten Zeit die Familienzugehörigkeit *die* zentrale Kategorie des Sozialen darstellte. Mehr noch, nicht selten bildete eine (echte oder behauptete) Verwandtschaft die Grundvoraussetzung für die Zuerkennung des Status »Mensch«. In jüngerer Zeit galt das insbesondere für jene lokal begrenzten Gesellschaften, mit denen sich Ethnologen vorrangig beschäftigen. Hier sorgte schon die überschaubare Anzahl von Mitgliedern dafür, dass auf die eine oder andere Weise nahezu jeder mit jedem anderen verwandt war. Das *Prinzip Verwandtschaft* findet aber immer wieder auch Anwendung, wenn es darum geht, soziale Beziehungen zu Personen aufzubauen, zu denen, streng genommen, keinerlei Verwandtschaftsverhältnis besteht. So sind etwa aus Australien zahlreiche Beispiele dafür überliefert, wie Austauschbeziehungen zwischen Individuen oder Gruppen aus weit entfernten Gebieten zunächst einmal mit der Rekonstruktion oder Konstruktion verwandtschaftlicher Bande eingeleitet werden. Vom gleichen Bemühen, die Anwesenheit Fremder durch die Zuweisung einer bestimmten Position im lokalen Verwandtschaftsgefüge zu legalisieren, zeugen auch die ungezählten Adoptionen von Ethnologen durch eine der Verwandtschaftsgruppen der erforschten Gesellschaft.

Es ist nur allzu logisch, dass sich in solchen Gesellschaften das Wortfeld Verwandtschaft meist (jedoch nicht immer) weit reicher und vielfältiger gestaltet als bei uns. Nun verhält es sich jedoch keineswegs so, dass das entsprechende Vokabular lediglich einen anderen *Maßstab* zugrunde legte, sich aber letztlich auf die gleichen fundamentalen Kategorien stützte. Vielmehr bestimmen sich die Grenzverläufe zwischen Verwandtschaftstermini stets erst über den konkreten gesellschaftlichen Kontext. Eine positive (und gesellschaftsunabhängige) Definition selbst inhaltlich so vermeintlich eindeutiger Begriffe wie »Mutter« hingegen erwies sich als unmöglich. Die Frage, die sich Lévi-Strauss nun stellte, war: Wenn der Bereich Verwandtschaft der Sprache darin ähnelt, dass es in ihm keine positiven Glieder gibt, sollte man sich ihm dann nicht vielleicht in ähnlicher Weise nähern wie dieser und nach den unbewussten Strukturen suchen, die der Vielfalt der sichtbaren Erscheinungen zugrunde liegen? Lässt sich, mit anderen Worten, so etwas wie eine Grammatik der Heiratsregeln erstellen?

Aus pragmatischen Gründen schränkte Lévi-Strauss die Untersuchung zunächst auf die sogenannten *elementaren* Verwandtschaftsstrukturen ein. Als »elementar« bezeichnet er dabei solche Systeme, bei denen potenziell *alle* Mitglieder der Gemeinschaft in irgendeiner (terminologisch erfassten) Verwandtschaftsbeziehung zueinander stehen. Die Strukturen von Gesellschaften wie der modernen westlichen hingegen, bei denen nur ein kleiner Kreis näherer Verwandter überhaupt klassifiziert wird, die Wahl des Ehepartners aber primär von anderen Faktoren abhängt (ökonomischen oder psychologischen etc.), wären »komplex« (ES 15). Ihnen wollte Lévi-Strauss ursprünglich einen zweiten Band zur Verwandtschaftsethnologie widmen (*Les Structures de parenté complexes*), doch gab er den Plan bald auf, da sich nicht allein der Gegenstand, sondern auch die Analyse selbst als übermäßig verwickelt herausstellte (NuF 82).

Bevor nun ein näherer Blick auf die *elementaren Strukturen der Verwandtschaft* geworfen werden soll, noch kurz einige allgemeine Bemerkungen zu den Problemen der Verwandtschaftsethnologie: Die grundlegenden Typen von Verwandtschaft sind im Prinzip schnell benannt. Unterschieden werden können zunächst einmal Verwandtschaftsverhältnisse zwischen Angehörigen unterschiedlicher Altersklassen (Mutter/Tochter, Tante/Nichte, Großmutter/Enkelin, etc.), und solche innerhalb derselben Generation (Ehemann/Ehefrau, Bruder/Schwester, Cousin/Kusine, Schwager/Schwägerin etc.). Weiter lässt sich differenzieren zwischen Beziehungen, die auf Allianzen basieren, also auf Heiraten, und solchen, die auf eine gemeinsame Abstammung zurückgehen. Insgesamt lassen sich damit drei grundlegende Typen von Verwandtschaftsbeziehungen voneinander scheiden: das Verhältnis zwischen Bruder und Schwester oder Cousin und Kusine als eines der *Konsanguinität* bzw. Blutsverwandtschaft, das von Eltern und Kindern oder Onkeln und Neffen als eines der Deszendenz bzw. der Abstammung sowie schließlich das der Ehegatten untereinander oder von Schwägern als eines, das eine *Allianzbeziehung* markiert.

Dass die Verwandtschaftstermini einer Gesellschaft Systemcharakter aufweisen, hatte schon Lewis Henry Morgan in seinen *Systems of Consanguinity and Affinity in the Human Family* von 1870 festgestellt. Morgan ging aber bei seinen Überlegungen nicht über die Ebene der Nomenklatur hinaus und konnte daher nicht erklären, worin die eigentliche Funktion des Systems bestand (SA I, 50). Daran sollte sich auch während der folgenden Jahrzehnte nichts Entscheidendes ändern. Denn wenngleich die Ethnologie im Anschluss an Morgan viel Energie auf die Untersuchung von Verwandtschaftssystemen verwendete und sich der Fokus allmählich von der Terminologie auf soziale Rollen verschob, gelang es doch nicht, der Funktionsweise von Verwandtschaft befriedigend auf die Spur zu kommen.

Das Hauptaugenmerk der Untersuchungen galt dabei lange Zeit der auffälligen Rolle, die der Onkel mütterlicherseits, der Mutterbruder oder *Avunkulus*, in vielen Gesellschaften für ein männliches Ego spielt. Diese wurde häufig als Überbleibsel einer früheren, »mutterrechtlichen« Kulturstufe gedeutet, letztlich aber scheiterten alle Erklärungsversuche an der Vielfalt der empirischen Formen, die das Avunkulat in der Praxis annehmen konnte. Weder ist es daran gebunden, ob die betreffenden Gesellschaften die Abstammung in mütterlicher oder in väterlicher Linie bestimmen, noch lässt es sich aus Wohnsitzregelungen oder der Art der Gattenwahl ableiten.[51] Mehr noch, selbst die soziale Funktion des Mutterbruders kann extrem vielfältige Formen annehmen und für ein Verhältnis der Autorität und des Respekts ebenso stehen wie für eines der spielerischen Vertrautheit.

Alfred Reginald Radcliffe-Brown hat 1924 als Erster auf die Problematik dieser beiden antithetischen Erscheinungsformen des Avunkulats hingewiesen[52] und damit die Grundlage für die Unterscheidung geliefert, die Lévi-Strauss später treffen sollte zwischen einem »Benennungssystem« (*système des appellations*), das in erster Linie auf sprachlicher Ebene untersucht werden kann, und einem »Haltungssystem« (*système des attitudes*), das psychologischer und sozialer Natur ist und die für die Interaktion mit Verwandten eines bestimmten Typs angemessenen Verhaltensweisen festlegt. Entscheidend ist hierbei, dass das Benennungssystem weder als bloßer *Ausdruck* eines tiefer liegenden Haltungssystems betrachtet werden kann (wie es die funktionalistische oder strukturfunktionalistische Interpretation nahelegen würde) noch das Haltungssystem als bloße *Übersetzung* des Benennungssystems auf die Ebene der Affekte (SA I, 51). Zwischen den beiden Systemen *kann* eine gewisse Übereinstimmung herrschen, sie muss es aber nicht tun. Letztlich haben wir es bei Benennungs- und Haltungssystem also mit zwei unterschiedlichen Wirklichkeitsordnungen zu tun, die sich nicht in einer Eins-zu-eins-Relation aufeinander beziehen lassen.

Die strikte Trennung dieser beiden Ebenen ist einer der entscheidenden Schritte, die Lévi-Strauss über die traditionelle Betrachtung von Verwandtschaft hinausgeht. Indem er sich in seinen Untersuchungen auf das Haltungssystem konzentriert, schafft er die Voraussetzung für eine fruchtbare Anwendung jener Analysemethoden, die er der strukturalen Linguistik entlehnt hat. Analog zur Situation der Sprachwissenschaft vor der strukturalistischen Revolution nämlich kann nun die Funktion des Systems als bekannt angesehen werden (Kommunikation im einen Fall, Sicherung des Zusammenhalts und des Gleichgewichts der Gruppe im anderen) und das System selbst in den Fokus der Untersuchung rücken. Und ebenfalls analog zur strukturalen Linguistik kommt dabei den unbewussten Strukturen eine ganz erhebliche Bedeutung zu.

Eingeschränkter Tausch und verallgemeinerter Tausch

Im Zentrum der strukturalistischen Analyse von Verwandtschaftssystemen steht die Ehe, die Lévi-Strauss als eine Art Tauschhandel zwischen Gruppen von Männern beschreibt: Frauengebern und Frauennehmern. Die Terminologie, der Einschub ist an dieser Stelle wohl angebracht, folgt pragmatischen Überlegungen und ist nicht als Ausdruck eines chauvinistischen Weltbilds zu verstehen. Lévi-Strauss selbst hat verschiedentlich darauf hingewiesen, dass man zu den gleichen Ergebnissen gelangte, würde man Eheschließungen als den Austausch von Männern zwischen zwei oder mehr Gruppen von Frauen beschreiben. Auch dass er damit keine grundsätzlichen Probleme hätte, hat er gelegentlich angemerkt (ES 211; NuF 154). Allerdings zeige die überwältigende Mehrheit der ethnographischen Beispiele auch, dass es Männer seien, die Frauen tauschen und nicht umgekehrt (ES 188; SA I 62).

Heiratsregeln nun, davon war bereits die Rede, können sehr verschieden ausfallen. Gemeinsam ist ihnen allen auf den ersten Blick zunächst wenig mehr als die schlichte Tatsache, dass es sie überhaupt gibt. Das aber ist keineswegs so selbstverständlich, wie es vielleicht scheinen mag. Ältere anthropologische Theorien nahmen mitunter eine Art »promisker Urhorde« an, in der noch keinerlei Regulierung der Verwandtschaftsbeziehungen stattfand. In einem ersten Entwicklungsschritt hätten sich dann (gespeist aus dem Wissen um die Verwandtschaft zwischen Mutter und Kind) die sogenannten mutterrechtlichen Gesellschaften ausgeprägt, denen noch einmal deutlich später – nämlich erst nach der Erkenntnis der biologischen Vaterschaft – die vaterrechtlichen gefolgt seien.[53] Für dieses regelhafte evolutionistische Stufenmodell gibt es allerdings nicht nur keinen Beweis, es fehlt, im Gegenteil, jeder Hinweis darauf, dass es jemals so etwas wie eine menschliche Gesellschaft *ohne* Verwandtschaftsstrukturen der einen oder anderen Art gegeben haben könnte. *Jede* Gesellschaft regelt in irgendeiner Weise die Modalitäten, nach denen Ehen geschlossen bzw., um Lévi-Strauss' Terminologie aufzugreifen, Frauen ausgetauscht werden. Und ebenfalls *jede* Gesellschaft nimmt eine fundamentale Unterteilung zwischen möglichen und ausgeschlossenen Ehepartnern vor. Die genaue Zusammensetzung dieser beiden Personengruppen mag eine extreme Bandbreite aufweisen. Verbindungen zwischen zwei Personen, die in der einen Gesellschaft als bevorzugte Heiratspartner gelten, können in einer anderen Gesellschaft ausgeschlossen sein oder nur für einen kleinen Teil der Bevölkerung eine akzeptable Wahl darstellen. Die Unterteilung selbst aber ist so universal, dass man hier durchaus von einer »anthropologischen Konstante« (Oppitz 1993:104) sprechen kann.

Die Grundregel, an der sich diese Konstante ausrichtet, ist für Lévi-Strauss das *Inzestverbot*, das für ihn zugleich die Nahtstelle von Natur und Kultur markiert. Denn es ist einerseits so universell wie die Tatsache, dass der Mensch zwei Beine hat, und scheint damit dem Bereich der Natur zuzugehören, andererseits aber ist es ganz offensichtlich eine kulturspezifische Regel, die von Gesellschaft zu Gesellschaft variiert, und fällt damit in den Bereich der Kultur (ES 15). Mehr noch, durch den gemeinschaftsstiftenden Charakter der Ehen, die durch das Inzestverbot reguliert werden, kann das Verbot nachgerade als Grundlage jeder Vergesellschaftung gelten.

Um Missverständnissen vorzubeugen: Das Inzestverbot ist keine vorwissenschaftliche, gleichsam intuitive Anwendung genetischer Prinzipien. Welche Arten von Verwandten keine Ehe miteinander eingehen dürfen, ist nicht an den Grad von Blutsverwandtschaft gebunden, der zwischen beiden herrscht. Am deutlichsten tritt dies zutage im Falle von Gesellschaften, die bei der Geschwisterheirat beispielsweise die Ehe zwischen einem Mann und seiner älteren Schwester akzeptieren, die mit einer jüngeren Schwester hingegen als inzestuös ächten.[54] Weder geht es also darum, wie der Volksglaube gern behauptet, der Geburt schwachsinniger Kinder entgegenzuwirken, noch gibt es so etwas wie eine natürliche Abneigung gegen sexuelle Beziehungen mit engen Verwandten. Problematisch werden solche Beziehungen tatsächlich in der Regel erst, wenn den Beteiligten die verwandtschaftliche Nähe, in der sie zueinander stehen, bewusst wird (siehe Ödipus). Damit aber wird zugleich deutlich, dass es sich nicht um eine wie auch immer geartete Stimme des Blutes handelt, die uns vor Akten der Inzucht zu bewahren sucht, sondern um ein sozial bestimmtes und sozial codiertes Phänomen. Die Ächtung des Inzests ist mithin kein natürlicher Akt, sondern folgt kulturspezifischen Normen und Setzungen (ES 57-72).

Das Inzestverbot kann dabei in zweierlei Gestalt auftauchen. Es kann negativ formuliert sein und bestimmte Personen als Ehepartner ausschließen oder aber positiv und bestimmte Personen als Gatten vorschreiben. Das sogenannte »Exogamiegebot«, die Vorschrift also, sich einen Ehepartner außerhalb einer jeweils zu definierenden *endogamen* Gruppe zu suchen, ist letztlich nichts anderes als die positive Seite des Inzestverbots. Die Kernaussage ist in beiden Fällen vergleichbar: Du sollst die Frauen deiner Familie mit anderen teilen. So gesehen ist das Inzestverbot tatsächlich weniger jene Regel, »die es untersagt, die Mutter, Schwester oder Tochter zu heiraten, als vielmehr eine Regel, die dazu zwingt, die Mutter, Schwester oder Tochter anderen zu geben« (ES 643). Die Folgen dieser Regel hat am eindrücklichsten ein anonymer Arapesh in Neuguinea formuliert. Auf Margaret Meads wiederholte Nachfrage nämlich, was er denn davon halte, wenn ein Mann mit seiner Schwester schlafe, erklärte jener schließlich in Form eines imaginären Dialogs: „Was, du möchtest deine Schwester heiraten? Bist du denn nicht ganz richtig im Kopf? Möchtest du denn keinen Schwager? Siehst du denn nicht ein, dass du wenigstens zwei Schwager bekommst, wenn du die Schwester eines anderen Mannes heiratest und ein anderer Mann deine eigene Schwester bekommt? Mit wem willst du denn auf die Jagd oder in den Garten ziehen, und wen willst du besuchen?«[55]

Inzest in dieser pragmatischen Sicht ist nicht biologisch prekär oder moralisch verurteilenswert, er ist vor allem sozial absurd, weil er sich der Kommunikation mit den übrigen Mitgliedern der Gruppe verweigert und darauf verzichtet, Schwagerbeziehungen einzugehen. Akzeptiert man die Prämisse, dass Eheschließungen letztlich nichts anderes sind als eine besondere Form der wirtschaftlichen Transaktion mit dem Ziel, möglichst viele Schwager zu gewinnen, dann stellt er – ähnlich wie der Selbstmord – vor allem einen Akt der negativen Kommunikation dar.

Die elementaren Strukturen der Verwandtschaft nun folgen in ihrer Gliederung zunächst einmal den beiden Hauptmodi des Frauentauschs, die Lévi-Strauss (übrigens keineswegs als Erster) unterscheidet: dem »eingeschränkten Tausch« (*échange restreint*) und dem »verallgemeinerten Tausch« (*échange généralisé*). Was ist damit gemeint? Beim *eingeschränkten Tausch* oszillieren die getauschten Frauen gleichsam zwischen Gruppen von Männern, die sich jeweils paarweise zu Tauschverbänden zusammengeschlossen haben. Bei dieser Art des Tauschs erhält jede der beteiligten Gruppen ihre Frauen von derselben Gruppe, der man die eigenen Frauen als Gattinnen zur Verfügung stellt. Im einfachsten Fall besteht eine solche Gesellschaft aus lediglich zwei exogamen Hälften A und B. Die Männer der Gruppe A würden dann ihre Schwestern und Töchter den Männern der Gruppe B zur Gattin geben und als Gegengabe ihrerseits ihre Ehefrauen von Gruppe B beziehen. Das System kann um eine beliebige Anzahl weiterer Tauschpaare erweitert werden, solange jedenfalls, wie gewährleistet bleibt, dass die Gesamtzahl der beteiligten Gruppen ein Vielfaches von zwei ist. Ein offensichtliches Problem bei dieser Art der Gattenregelung ist allerdings, dass Schwagerbeziehungen nur innerhalb der jeweiligen Tauschpaare geschaffen werden. Die Mechanismen der Reziprozität, wie sie für jede Form des Gabentauschs charakteristisch sind, schaffen also mit zunehmender Zahl von Tauschgruppen nur noch für jeweils kleine Teile der Gesellschaft feste verwandtschaftliche Verbindungen.

A ⇄ B	A ⇄ B	A ⇄ B
	C ⇄ D	C ⇄ D
		E ⇄ n

Es ist leicht zu ersehen, dass im ersten Beispiel, das eine Gesellschaft mit lediglich zwei exogamen Hälften zeigt, noch jeder mit jedem auf die eine oder andere Weise verwandt ist: entweder blutsverwandt (wenn zwei Individuen der gleichen Hälfte angehören) oder aber verschwägert (wenn sie aus unterschiedlichen Hälften stammen). Im zweiten Beispiel sind die Angehörigen der Gruppen A und B hingegen nicht mehr mit Mitgliedern der Gruppen C und D verwandt. Im dritten Beispiel schließlich überschreitet die Zahl der Nicht-Verwandten bereits die der Verwandten. Soziale Kohäsion mag in diesem Fall auf verschiedene Weisen erzeugt werden, die Verwandtschaft aber ist bei einer großen Zahl von Tauschpaaren als Basis dafür nur noch bedingt geeignet. Mehr als acht Heiratsklassen hat denn auch selbst im klassischen Verbreitungsgebiet solcher symmetrischen Systeme, Australien, keine bekannte Gesellschaft hervorgebracht.

Anders verhält es sich beim *verallgemeinerten Tausch*, der unabhängig von der Anzahl der beteiligten Tauschpartner die gesamte Gesellschaft über Verwandtschaftsnetze miteinander verbindet. Im einfachsten Fall bestünde ein solcher Tauschverbund aus drei Partnern, A, B und C, bei denen die Männer der Gruppe B ihre Frauen aus Gruppe A beziehen, die Männer der Gruppe C ihre Frauen in Gruppe B finden, und die Männer aus Gruppe A Frauen aus Gruppe C ehelichen.

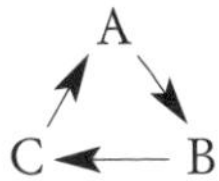

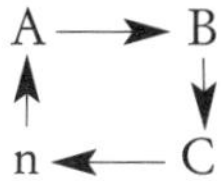

Die Tauschgüter (respektive die Frauen) oszillieren bei diesem Heiratstypus nicht zwischen festen Tauschpartnern, sondern rotieren in einem zyklischen System, das die gesamte Gesellschaft umfasst. Ein Mann aus Gruppe A ist etwa im ersten Beispiel mit Angehörigen der Gruppen B und C verschwägert: mit Männern aus Gruppe B, weil diese mit Frauen aus A verheiratet sind, mit Männern aus C, weil die Ehefrauen für A von dort stammen. Mit einer steigenden Zahl von exogamen Gruppen steigt natürlich auch hier die verwandtschaftliche Distanz zwischen den Angehörigen der einzelnen Verbände, immer noch aber bleibt letztlich jeder mit jedem verwandt – und sei es nur, dass man mit dem Schwager des Schwagers eines Schwagers verschwägert ist.

Es lässt sich denken, dass die Wirklichkeit erheblich komplizierter ist, als es die Unterteilung von Tauschformen in die beiden Grundmodi des eingeschränkten und des verallgemeinerten Tauschs hoffen lässt. Nicht umsonst hat Lévi-Strauss weit mehr als fünfhundert Seiten auf die Analyse der elementaren Strukturen der Verwandtschaft verwendet. Widmen wir der Angelegenheit also einen zweiten Blick.

Ein Faktor etwa, von dem noch nicht die Rede war, ist die Regelung der Abstammung. Gehört eine Person zur Verwandtschaftsgruppe der Mutter oder zu der des Vaters oder zu beiden? Handelt es sich, mit anderen Worten, um ein matrilineares, ein patrilineares oder ein ambilineares Verwandtschaftssystem? Und wie verhält es sich mit der Wohnsitzregelung oder Residenz des neuen Ehepaares. Zieht der Mann zur Familie der Frau oder die Frau zu jener des Mannes? Wird in einer Gesellschaft, um die Fachtermini zu gebrauchen, die matrilokale oder die patrilokale

Residenz praktiziert? Lévi-Strauss konnte zeigen, dass ein unmittelbarer Zusammenhang zu bestehen scheint zwischen dem Modus des Frauentauschs und der Regelung von Wohnsitzfrage und Abstammung.

Wiederum steht am Anfang die Definition von Gegensatzpaaren. In diesem Falle von matrilinearer versus patrilinearer Abstammung und matrilokaler versus patrilokaler Residenz. Möglich sind bei einem solchen System mit vier Gliedern insgesamt vier Kombinationen. Eine Gesellschaft kann:

1. die Verwandtschaft in mütterlicher Linie bestimmen und den Wohnort des Paares bei der Familie der Frau festlegen (matrilinear / matrilokal),
2. die Verwandtschaft in mütterlicher Linie bestimmen und den Wohnsitz bei der Familie des Mannes nehmen (matrilinear / patrilokal),
3. die Verwandtschaft in väterlicher Linie bestimmen und den Wohnsitz bei der Familie der Frau nehmen (patrilinear / matrilokal) und schließlich
4. die Verwandtschaft in väterlicher Linie bestimmen und den Wohnsitz bei der Familie des Mannes nehmen (patrilinear / patrilokal).

Die beiden Fälle, in denen Wohnsitz und Deszendenz derselben Linie folgen (Beispiele 1 und 4), nennt Lévi-Strauss auch *harmonische Ordnungen*, die, in denen sich ein Faktor über die väterliche, der andere über die mütterliche Linie bestimmt (Beispiel 2 und 3), *disharmonisch* (ES 311). Ungeachtet der positiven Konnotationen des Begriffs »harmonisch« ist keine dieser möglichen Regelungen völlig unproblematisch. Die Probleme sind dabei aber unterschiedlicher Natur, und entsprechend unterschiedlich sind auch die Strategien, die zu ihrer Lösung eingesetzt werden.

Praktiziert beispielsweise eine matrilineare Gesellschaft die patrilokale Residenz, muss nicht nur die Ehefrau ins Dorf ihres Ehemannes ziehen, wo sie womöglich weit entfernt von ihren Angehörigen zu leben gezwungen ist, auch die Kinder des Paares wachsen – da sie ja bei matrilinearer Deszendenz der Familie der Mutter angehören – bei Menschen auf, zu denen sie keine verwandtschaftlichen Bande unterhalten. Das Gleiche gilt, mit umgekehrten Vorzeichen, für Gesellschaften, bei denen die Verwandtschaft sich über die väterliche Linie bestimmt, der Ehemann aber zur Familie seiner Frau ziehen muss. Psychologische und soziale Spannungen sind bei diesem System absehbar. Es gibt allerdings eine recht einfache Lösung: die lokale Annäherung der beteiligten Gruppen. Leben die Tauschpartner im gleichen Dorf (das dann im einfachsten Fall einer dualen Organisation mit zwei exogamen Hälften folgt), entfällt ein großer Teil der beschriebenen Probleme (ES 193).

Wie verhält es sich nun bei den beiden anderen Kombinationen, den sogenannten *harmonischen Ordnungen*? Folgt die Abstammung derselben Linie wie die Residenz, so ist auf jeden Fall gewährleistet, dass Kinder räumlich nah bei ihren Verwandten aufwachsen. Die psychologischen Schwierigkeiten für den Ehemann oder die Ehefrau, die fernab der eigenen Familie ihren neuen Wohnsitz nehmen müssen, mögen denen in disharmonischen Systemen vergleichbar sein, doch werden sie zumindest nicht an die nächste Generation weitergegeben. Andererseits verliert der Faktor Wohnsitz in einem solchen harmonischen System augenscheinlich ganz erheblich an Bedeutung. Ein Beispiel mag dies verdeutlichen: Nehmen wir ein System an, in dem zwei patrilineare und patrilokale Hälften A und B sich jeweils in zwei lokale Gruppen 1 und 2 unterteilen. Zugleich gelte das Gebot der Exogamie sowohl für die Abstammungslinie als auch für den Wohnort. Ein Mann dürfte seine Frau also weder in der eigenen Verwandtschaftsgruppe noch im eigenen Dorf suchen. Die Heirats- und Abstammungsformel zeigt dann vier mögliche Kombinationen:

Ein Mann:	heiratet eine Frau:	die Kinder sind:
A1	B2	A1
B2	A1	B2
A2	B1	A2
B1	A2	B1

Unschwer lässt sich erkennen, dass die Kombinationstafel sich der eines eingeschränkten Tauschs mit insgesamt vier exogamen Gruppen A, B, C und D praktisch vollständig angleicht. Statt mit einem einfachen haben wir es mit einem doppelten dualen System zu tun. Es gibt stabile Tauschverbünde zwischen A1 und B2 und zwischen A2 und B1, aber keine Verbindung zwischen A1 und B1 oder A2 und B2. Der Wohnsitz ist hier also letztlich, was die Erweiterung der verwandtschaftlichen Bindungen angeht, unproduktiv. Eine Ausweitung der Gruppenintegration auf Mitglieder jenseits der dualen Tauschverbünde findet nicht statt (ES 312).

Auch für dieses Problem bietet sich jedoch eine nahe liegende Lösung an. Man braucht lediglich die Art des Austauschs unter den Gruppen zu verändern und vom direkten (eingeschränkten) Tausch zwischen festen Tauschpartnern zum indirekten (verallgemeinerten) Tausch überzugehen. Das geschieht offenbar mit einer erstaunlichen Regelhaftigkeit. Tatsächlich konnte LéviStrauss zeigen, dass sich der verallgemeinerte Tausch nur im Zusammenhang mit harmonischen Ordnungen findet, der eingeschränkte hingegen nur im Kontext disharmonischer Ordnungen.

Kreuzkusinenheirat und klassifikatorisches System

Es ist eine der charakteristischen Eigenschaften der Gesellschaften mit elementaren Verwandtschaftsstrukturen, dass ein beliebiges Ego mit allen anderen Mitgliedern der Gesellschaft auf die eine oder andere Art verwandt ist. Die Verwandtschaft braucht dabei gar nicht allzu eng zu sein, ja sie braucht überhaupt keine Blutsverwandtschaft darzustellen, entscheidend ist vielmehr, dass ein beliebiger Angehöriger der Gruppe sich auf alle anderen Gruppenmitglieder mit Verwandtschaftsbegriffen beziehen kann. Nun lässt sich häufig beobachten, dass die Verwandtschaftsterminologie die Mitglieder des anderen Geschlechts innerhalb derselben Generation in zwei annähernd gleich große Kategorien teilt: mögliche Heiratspartner und verbotene Heiratspartner. Verboten sind dabei – von einem männlichen Ego aus gerechnet – in der Regel zunächst einmal die Schwestern. Aus einsichtigen Gründen übrigens, denn wenn es stimmt, dass Heiraten in erster Linie eine Form des Gabentauschs zwischen Gruppen von Männern darstellen, ist eine Eheschließung innerhalb der eigenen Gruppe sinnlos. Aus dem gleichen Grund erstreckt sich das Verbot häufig auch auf Parallelkusinen, die in klassifikatorischer Hinsicht den Schwestern gleichgestellt sind. Die erlaubten Heiratspartner hingegen bezeichnet Lévi-Strauss als reale oder *klassifikatorische* Kreuzkusinen (ES 195).

Was sind nun Kreuz- bzw. Parallelkusinen? Die Gesellschaften, von denen in den *Elementaren Strukturen der Verwandtschaft* die Rede ist, machen in der Regel einen Unterschied zwischen der Beziehung zwischen zwei Brüdern bzw. zwei Schwestern und der zwischen Bruder und Schwester. Dieser Unterschied – obwohl unter dem Aspekt der Konsanguinität nicht relevant – wird auch auf die folgenden Generationen übertragen und bestimmt das Verhältnis von Vettern und Kusinen zueinander. Je nachdem, ob in der Generation der Eltern (oder Großeltern) der eine oder der andere Beziehungstyp vorliegt, stehen Cousin und Kusine zueinander im Kreuz- oder Parallelverhältnis. Sie sind Kreuzvettern, wenn die Elternteile, über die sie miteinander verwandt sind, unterschiedlichen Geschlechts sind, Parallelcousins, wenn die Elternteile das gleiche Geschlecht haben. Unterschieden werden also nicht allein matrilaterale und patrilaterale Cousins und Kusinen, von Bedeutung ist auch, ob das Vetternverhältnis symmetrisch ist (d.h. auf einem Bruder/Bruder- oder Schwester/Schwester-Verhältnis in der Elterngeneration basiert) oder asymmetrisch (aufbauend auf einem Bruder/Schwester-Verhältnis in der Elterngeneration).

Vorausgesetzt, die Eltern eines männlichen Ego haben jeweils mindestens noch einen Bruder und eine Schwester, verfügt Ego über insgesamt vier verschiedene Arten von Kusinen. Das folgende Diagramm zeigt diese unterschiedlichen Kusinenverhältnisse bei einem matrilinearen System mit zwei exogamen Gruppen schwarz und weiß. Es gilt also, dass die Familienzugehörigkeit eines Kindes sich nach jener der Mutter richtet, und dass man, wenn man zur Familie »weiß« gehört, seinen Ehepartner in Gruppe »schwarz« suchen muss und umgekehrt. Gesondert benannt ist im Diagramm die Person in der Elterngeneration über die, von Ego aus betrachtet, das Kusinenverhältnis etabliert wird:

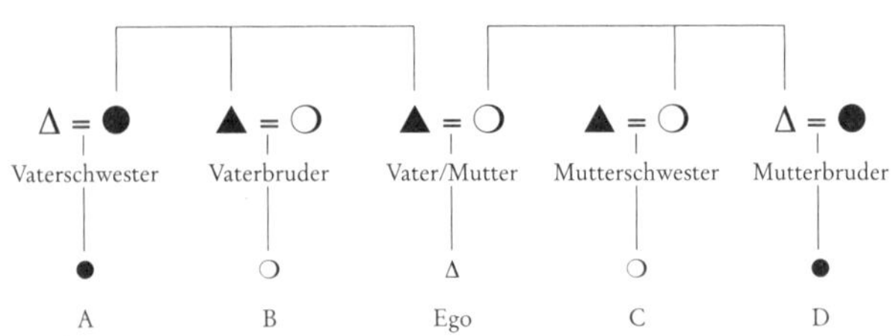

In konsanguiner Hinsicht sind offensichtlich alle vier Kusinen gleichwertig. Dennoch lassen sie sich in gleich mehrfacher Hinsicht differenzieren. So werden die beiden Kusinen auf der Vaterseite (A und B) als patrilaterale Kusinen bezeichnet, die auf der Mutterseite (C und D) als matrilaterale. Auf dieser Ebene der Betrachtung spielt diese Unterscheidung noch keine Rolle, es wird aber später darauf zurückzukommen sein. Wichtiger ist hier ein anderer Aspekt: Zwei der Kusinen (B und C) nämlich scheiden offenkundig als Ehefrauen aus, weil sie der gleichen Familie »weiß« angehören wie Ego. Eine Ehe mit ihnen käme in zahlreichen Gesellschaften dem Geschwisterinzest gleich. Es ist kein Zufall, dass sich eine solche als Heiratspartnerin ausgeschlossene Kusine sowohl auf der väterlichen wie auf der mütterlichen Seite findet. In beiden Fällen handelt es sich um die Parallelkusine. Mögliche Ehepartnerinnen stellen in einem solchen einfachen System also lediglich A und D dar, die Tochter der Vaterschwester bzw. des Mutterbruders: die patrilaterale bzw. matrilaterale Kreuzkusine also.[57] Die Empfehlung, sich eine Kreuzkusine zur Gattin zu nehmen, ist für Lévi-Strauss nun die logische Folge aus Inzestverbot und der Unterteilung der Gesellschaft in verbotene und erlaubte Gatten. Insbesondere dort, wo Geschwister ungleichen Geschlechts an verschiedenen Orten leben (weil entweder der Bruder oder die Schwester »fortheiratet«), bildet die Kreuzkusinenheirat die einfachste Methode, die Verbindung zwischen beiden Gruppen beständig zu erneuern und die Schuld, die durch den Empfang einer Ehefrau entstanden ist, durch die Gabe einer Tochter zu kompensieren.

Den einfachsten Fall einer solchen Schuldentilgung stellt hier ein System des eingeschränkten Tauschs dar, bei dem die Männer einer Generation sich gegenseitig ihre Schwestern zur Frau geben. Ein Mann der Gruppe A gibt also seine Schwester einem Mann der Gruppe B zur Ehe und erhält dafür dessen Schwester als Gattin. Die Kinder aus diesen beiden Verbindungen stehen zugleich in einem patrilateralen wie matrilateralen Kreuzcousinverhältnis zueinander, da in der Elterngeneration jeweils Vaterschwester und Mutterbruder miteinander verheiratet sind. Im Diagramm werden wiederum eine matrilineare Deszendenz und zwei exogame Gruppen weiß und schwarz angenommen:

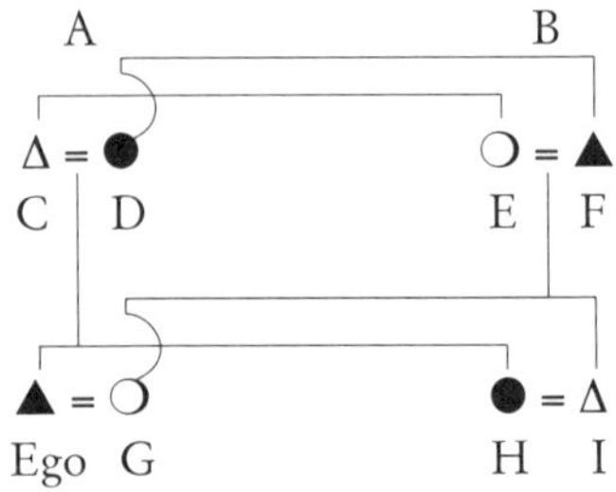

Von Ego aus gerechnet ist seine Gattin (G) hier zugleich die Tochter des Bruders (F) seiner Mutter (D) und der Schwester (E) seines Vaters (C). Gibt Ego nun seine eigene Schwester (H) seinem Cousin (I) zur Frau – und alles andere wäre natürlich in höchstem Maße unsozial –, wird das gleiche Verhältnis auch auf die nächste Generation übertragen. Die bilaterale Kreuzkusinenheirat stellt so den Idealtypus der geschlossenen Struktur einer reziproken Tauschbeziehung zwischen zwei Gruppen dar.

Nun birgt die Kreuzkusinenheirat allerdings nicht nur eines, sondern gleich zwei Rätsel: Das der Unterscheidung zwischen Kreuz- und Parallelkusinen war noch vergleichsweise einfach zu lösen. Lévi-Strauss hat hier vor allem im ersten Teil der *Elementaren Strukturen der Verwandtschaft* ganz erheblich zur Klärung beigetragen, indem er zeigte, wie durch die Praxis der Kreuzkusinenheirat eine soziale Schranke zwischen biologisch identischen Verwandtschaftsgraden errichtet wird, so dass stabile Tauschbeziehungen entstehen können. Zugleich hat er damit jedoch auf den ersten Blick das zweite Rätsel noch erheblich verkompliziert. Die bislang angestellten Überlegungen zum eingeschränkten Tausch gehen von einer tendenziellen Gleichwertigkeit der patrilateralen und matrilateralen Kreuzcousinverhältnisse aus. Tatsächlich existieren zahlreiche Gruppen, in denen Ehen unterschiedslos sowohl mit der Tochter der Vaterschwester wie mit der des Mutterbruders empfohlen werden. Daneben gibt es jedoch Gesellschaften, die eine Heirat nur mit der Tochter der Vaterschwester erlauben, während sie die mit der Tochter des Mutterbruders verbieten, und andere, bei denen es sich genau umgekehrt verhält. Diese Tatsache an sich ist zunächst nicht besonders problematisch. Sieht man sich aber die empirische Verteilung dieser beiden Heiratstypen an, stellt man fest, dass der zweite Typus (die Heirat mit der matrilateralen Kreuzkusine) so viel häufiger vorkommt als der erste, dass sich das Missverhältnis nicht mehr als statistischer Ausreißer erklären lässt. Hier deutet sich bereits die Sonderrolle an, die dem Mutterbruder in den Systemen mit elementaren Verwandtschaftsstrukturen zukommt (ES 590). Bleiben wir aber für den Moment noch bei der Frage nach dem Unterschied zwischen matri- und patrilateralen Kreuzkusinen. Er spielt vor allem in Gesellschaften eine Rolle, die den verallgemeinerten Tausch praktizieren.

Betrachten wir zunächst als einfachstes Beispiel den Schwesterntausch zwischen nunmehr drei exogamen Gruppen A, B und C (schwarz, weiß und grau). Wieder sei das System matrilinear.

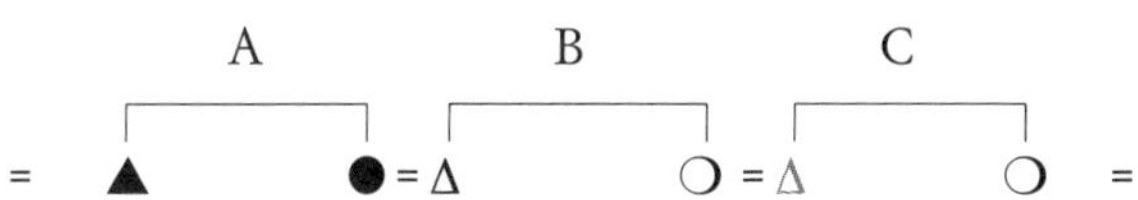

Der Mann in Gruppe A erhält im Beispiel seine Gattin aus Gruppe C und gibt seine Schwester an Gruppe B, der Mann aus Gruppe B heiratet eine Frau aus Gruppe A und tritt seine Schwester an Gruppe C ab, der Mann aus Gruppe C heiratet eine Frau aus Gruppe B und gibt seine Schwester weiter an Gruppe A. Der Tauschzyklus ist damit zunächst einmal geschlossen, die Gesellschaft befindet sich im Gleichgewicht. Jede Gruppe hat eine Frau weggegeben und eine Frau erhalten. Dass die Gruppe, aus der man eine Frau empfängt, nicht identisch ist mit der, an die man eine Frau abgibt, ist hier nicht nur unproblematisch, es stellt überhaupt die Grundvoraussetzung für die Praxis des verallgemeinerten Tauschs dar.

Wie sieht es aber nun in der zweiten und dritten Generation aus? Nehmen wir zunächst einmal an, die fragliche Gesellschaft empfiehlt ihren Mitgliedern die matrilaterale Kreuzkusinenheirat, also von einem männlichen Ego aus gerechnet die Heirat mit der Tochter des Bruders der Mutter, so ergibt sich folgendes Schema:

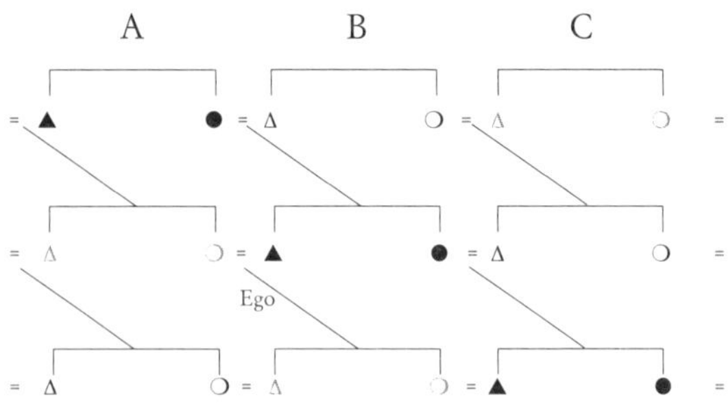

Die einzelnen Gruppen verschieben ihre Positionen von Generation zu Generation, die Tauschrichtung jedoch bleibt stets die gleiche (im Beispiel von links nach rechts). In jeder neuen Generation erhalten die Männer aus Gruppe A (▲) aufs Neue ihre

Frauen aus Gruppe C (○) und treten ihre Schwestern (●) einem Mann aus Gruppe B (△) ab. Gruppe A spielt also für Gruppe B stets die Rolle des Frauengebers, für Gruppe C die des Frauennehmers. Analog ist Gruppe B für Gruppe A immer Frauennehmer, für Gruppe C stets Frauengeber. Jede der beteiligten Gruppen befindet sich also in jeder Generation zugleich in der Rolle des Schuldners und des Gläubigers.

Ein grundsätzlich anderes Bild ergibt sich für die patrilaterale Kreuzkusinenheirat. Stellt es sich für die erste Generation noch genauso dar wie im vorherigen Beispiel, kehrt sich in der zweiten Generation plötzlich die Tauschrichtung um. Während der Vater eines männlichen Ego der zweiten Generation (▲) seine Gattin von Gruppe A bezog, heiratet Ego eine Frau aus Gruppe B. Egos Sohn hingegen erhält wieder eine Frau aus A.

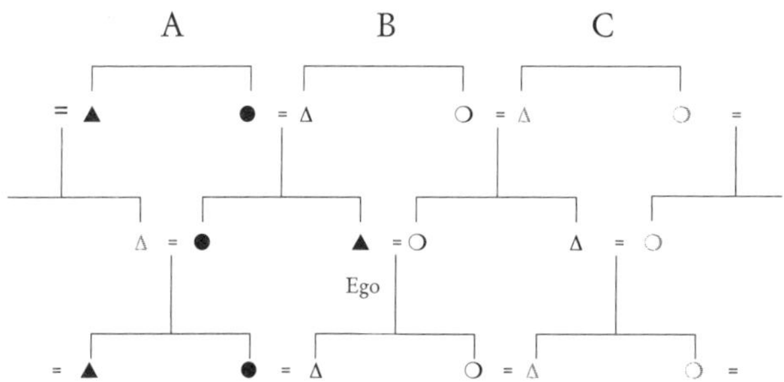

Statt mit einer stetigen Zirkulation von Frauen in einer einzigen Tauschrichtung haben wir es hier also mit einer Art Zickzackkurs zu tun, bei dem die Frauen mal in die eine, mal in die andere Richtung wechseln. Es kann entsprechend auch nicht zu gesellschaftsübergreifenden stabilen Tauschpositionen kommen wie bei der matrilateralen Kreuzkusinenheirat. Die Rollen von Frauengeber und Frauennehmer wechseln in jeder Generation, und zwar in einer Weise, die von jeder neuen Generation die Rückerstattung einer in der vorherigen Generation erhaltenen Frau verlangt. Im Prinzip fordert also bei dieser Form der Heirat ein Mann, der seine Schwester an einen anderen abgetreten hat, die Tochter aus dieser Verbindung für seinen Sohn (oder sich selbst) zurück.[58]

Diese »habgierige Kurzsichtigkeit« (Walitschke 1995:39) bringt eine Reihe von Nachteilen mit sich. Das Tauschgut Frau wird hier weder in eine globale Struktur eingebunden, noch kann ihr Wert als Tauschobjekt von ihrer physischen Existenz abgekoppelt werden. Lévi-Strauss wirft gar die Frage auf, ob man bei der patrilateralen Kreuzkusinenheirat überhaupt von einem »echten Tauschgeschäft« sprechen kann, »da die substantielle Identität der geforderten Sache mit der abgetretenen Sache über die Schwester in ihrer eigenen Tochter fortgesetzt wird« (ES 604). Gegebene Ware und wiedereingeforderte Ware sind, mit anderen Worten, einander so ähnlich, dass es fast schon angemessen wäre, hier von »Verleihen« zu sprechen. Einem Verleihen, bei dem die Rückerstattung des Leihguts übrigens keineswegs garantiert ist, da der Leihgeber stets auf die nächste Generation spekulieren muss. Er kann sich nicht darauf verlassen, dass jemand ihm gegenüber quasi automatisch in die Rolle des Frauengebers rückt. Anders als bei der matrilateralen Kreuzkusinenheirat ist der Tauschmechanismus also nicht auf die Gruppe als Ganze bezogen und stellt auf dieser Ebene ein Gleichgewicht zwischen Frauengebern und Frauennehmern her, sondern verharrt in einem ängstlichen Individualismus, der stets danach trachtet, für die Weggabe der Schwester möglichst schnell entschädigt zu werden. Es ist diese Form der Heirat damit die einfachste und gröbste Anwendung der Kreuzkusinenheirat. Eine, wenn man so will, »abortive« Form, weil der Zyklus der Gegenseitigkeit überstürzt geschlossen wird und sich so nicht auf die ganze Gruppe ausdehnen kann (ES 603).

Noch in einer weiteren Hinsicht ist die matrilaterale Kreuzkusinenheirat allen anderen Formen der Kusinenheirat überlegen. Reduziert man die Struktur der Kusinenheirat auf die vier am stärksten involvierten Personen, erhält man eine Art »fundamentales Quartett« (ES 596), das bei der Kreuzkusinenheirat in der älteren Generation einen Bruder (Frauengeber) und eine Schwester (abgetretene Frau) enthält, in der jüngeren einen Sohn (Frauennehmer) und eine Tochter (erworbene Frau). Bei der Parallelkusinenheirat befindet sich dieses Quartett notgedrungen im Ungleichgewicht. Die beiden relevanten Angehörigen der Elterngeneration nämlich sind entweder beide männlichen Geschlechts oder aber beide weiblich. Sie bilden also ein Quartett mit entweder drei männlichen Teilen und nur einem weiblichen (patrilaterale Form) oder aber eines mit drei weiblichen Teilen und nur einem männlichen (matrilaterale Form). Die fehlende Ausgewogenheit auf Geschlechterebene wird dabei noch zusätzlich verstärkt durch ein Ungleichgewicht von Schuldnern und Gläubigern (die Tauschrichtung ist im folgenden Diagramm mit Pfeilen markiert).

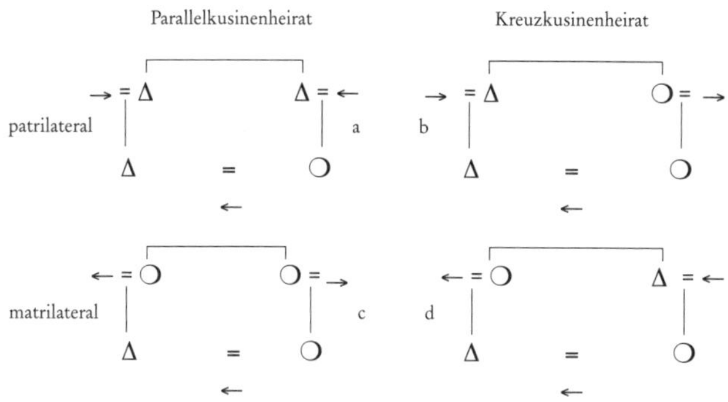

Die vier Quartette der Kusinenheirat

Das ausgewogenste (und nicht zuletzt ästhetisch befriedigendste) Quartett stellt, wie man sieht, die matrilaterale Kreuzkusinenheirat (d) dar. Nur bei ihr findet sich das Kreuzungsprinzip der Alternanz der Geschlechter (auf dem ja die ganze Idee dieser Heiratsform beruht) vollständig verwirklicht. Denn gleichgültig, welche der Beziehungen innerhalb des Quartetts man betrachtet, stets erfolgt ein Wechsel des Geschlechts: Bruder/Schwester, Mutter/Sohn, Vater/Tochter, Gatte/Gattin. Die patrilaterale Form führt diese Alternanz lediglich *innerhalb* der beteiligten Generationen durch (Bruder/Schwester, Ehemann/Ehefrau). Generationenübergreifend hingegen findet auf der Beziehungsebene kein Wechsel des Geschlechts statt (Vater/Sohn, Mutter/Tochter).

Dem Diagramm ist auch zu entnehmen, dass die matrilaterale gegenüber der patrilateralen Kreuzkusinenheirat den Vorteil besitzt, eine *offene Struktur* aufzuweisen. Die Tauschrichtung in d) ist stets die gleiche, d.h., vorausgesetzt werden auf der linken wie auf der rechten Seite weitere Quartette, die sich am Ende zu einem verallgemeinerten Tauschkreis schließen. In b) hingegen ist die Struktur bereits nach einer Generation *geschlossen*. In der ersten Generation wird eine Frau weggegeben, in der zweiten eine empfangen (ES 598).

Diese strukturellen Eigenheiten dürften den Beteiligten freilich kaum bewusst sein. Es gibt wohl zahlreiche Sprichwörter, die die jeweils als richtig oder falsch empfundene Heiratsform zum Thema haben (so lehnen etwa die Batak auf Sumatra die Heirat mit der Tochter der Vaterschwester ab, weil »das Wasser nicht zur Quelle zurückfließen kann«; »der Blutegel kehrt immer zu der offenen Wunde zurück«, sagen hingegen die benachbarten Lubu, um die Heirat mit der Tochter des Mutterbruders zu rechtfertigen[59]), doch kann keine Rede davon sein, dass diese Heiratsregeln von einer Art wären, zu der man bewusst Zugang hätte, ohne dafür, wie Lévi-Strauss es getan hat, einen gewaltigen kulturvergleichenden Interpretationsapparat in Gang zu bringen. Es scheint sich allerdings offenbar tatsächlich so zu verhalten, dass Heiratsregeln in der einen oder anderen Weise ein Gleichgewicht zwischen den beteiligten Tauschpartnern herzustellen versuchen; sei es in Form von dualistischen Systemen, sei es in Form verallgemeinerter Tauschzyklen. Man könnte sie damit in der Tat als oberflächliche Manifestationen unbewusster Strukturen auffassen – und wäre damit genau bei jener Analogisierung von Verwandtschaft und Sprache angelangt, die Lévi-Strauss bei seiner Arbeit leitete. Männergruppen, so könnte man die zugrunde liegende Idee noch einmal auf politisch denkbar unkorrekte Art zusammenfassen, »kommunizieren« über den Austausch von Frauen. Wenn aber Verwandtschaft eine Form von Sprache darstellt, was sind ihre bedeutungskonstituierenden Einheiten? Oder anders gesagt: Gibt es im Bereich der Verwandtschaft etwas, was sich mit den Phonemen oder Morphemen vergleichen lässt, die die Basis der sprachlichen Zeichen bilden? Lévi-Strauss' Antwort ist: Ja. Im Gegensatz zur Sprache ist jedoch die dabei isolierte kleinste bedeutungsdifferenzierende Einheit größer als das Zeichen, dessen Bedeutung daraus erwächst.

Das Verwandtschaftsatom

Die Übertragung der phonologischen Methode auf den Bereich der Verwandtschaft geht zunächst einmal von vier grundlegenden Axiomen aus (SA I, 45f.): Die innere Struktur der Oberflächenphänomene ist *unbewusst*, die *Beziehungen* zwischen den Ausdrücken sind wichtiger als die Ausdrücke selbst als vermeintlich unabhängige Entitäten, die Glieder des Systems funktionieren nur *innerhalb* eines Systems, und sie folgen dabei allgemeinen Gesetzen, die zu entschlüsseln oder zu deduzieren letztlich das

Ziel jeder strukturalen Analyse sein muss. Ausgangspunkt der Analyse aber – und damit geht Lévi-Strauss auf Distanz zu seinen Vorläufern in der Verwandtschaftsethnologie – können nicht die *Verwandtschaftsbezeichnungen* sein, sondern die *Haltungen*, die zwischen den Inhabern der jeweiligen Positionen im Verwandtschaftssystem bestehen: Zuneigung oder Distanz, Vertrauen oder Achtung, Spontaneität oder Respekt etc. (SA I, 64).

Nun wäre es auf den ersten Blick vielleicht nahe liegend, als Grundeinheit der Verwandtschaft die Kernfamilie mit Vater, Mutter und Kind anzunehmen. Sie ist als biologisches und soziales Faktum unumstritten, Lévi-Strauss legt jedoch überzeugend dar, dass genau jenes Element darin fehlt, das die Verwandtschaft überhaupt aus der Sphäre der *natürlichen* Beziehungen in die der Kultur hebt: das Element des Frauentauschs. Er nimmt aus diesem Grund den Onkel mütterlicherseits als *Frauengeber* in die Grundeinheit mit auf. Das *Verwandtschaftselement* besteht somit aus vier Gliedern: einem Bruder, der seine Schwester weggibt, einem Ehemann, der sie empfängt, der weggegebenen/empfangenen Schwester selbst sowie dem Sohn, der aus der Verbindung hervorgeht.

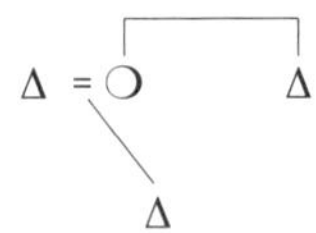

In diesem Beziehungsbündel sind die drei grundlegenden Typen von Familienbeziehungen enthalten, die in jeder Gesellschaft vorkommen: das Verhältnis der Blutsverwandtschaft (zwischen Bruder und Schwester), das der Abstammung (zwischen Eltern und Kind) und das der Allianz (zwischen Ehemann und Ehefrau). Alle anderen Verwandtschaftsbeziehungen bauen auf diesen drei Grundtypen auf und lassen sich auf sie zurückführen. Großeltern und Enkel etwa sind über eine Verdopplung der Deszendenzbeziehung miteinander verwandt, Cousin und Kusine über eine Kombination von Konsanguinität und Deszendenz, Schwager über eine aus Konsanguinität und Allianz.

Man könnte einwenden, dass sich diese elementaren Beziehungen auch in einem viergliedrigen Modell, bestehend aus der Kernfamilie mit Mutter, Vater, Tochter (Schwester) und Sohn (Bruder) darstellen ließen. Der Einwand ist durchaus nicht unbegründet. Denn auch in einem solchen Modell wären die drei grundlegenden Verwandtschaftstypen der Konsanguinität, der Deszendenz und der Allianz berücksichtigt. Durch den Kunstgriff aber, in der ersten Generation eine Trias aus Ehemann, Ehefrau/Schwester und Bruder anzunehmen, gelingt es Lévi-Strauss, bereits auf dieser elementaren Ebene der Universalität des Inzestverbots Rechnung zu tragen und die Forderung nach einer Veräußerung von Frauen in das Verwandtschaftselement einzubinden. Der Bruder darf seine Schwester nicht selbst heiraten, er muss sie einem anderen Mann überlassen. Gleichzeitig bietet er – da die Trennungslinie zwischen den exogamen Gruppen im Verwandtschaftsatom zwischen Bruder und Schwester verläuft – die Gewähr dafür, dass auch in der zweiten Generation eine Frau als mögliche Ehepartnerin für seinen Neffen zur Verfügung steht. Der große Vorteil von Lévi-Strauss' Verwandtschaftselement ist also, dass nicht mehr erklärt werden muss, wie der Onkel mütterlicherseits, dem in vielen Gesellschaften eine so große Bedeutung zukommt, in die Verwandtschaftsstruktur hineingelangt. Er gelangt nämlich überhaupt nicht hinein, er ist von vornherein gegeben, mehr noch, er ist die *Bedingung* der Struktur (SA I, 61). Daran ändert sich für Lévi-Strauss auch nichts, wenn die Rolle des Mutterbruders in komplexeren Ordnungen von anderen Verwandten ausgefüllt wird oder gänzlich zu fehlen scheint. Das Verwandtschaftssystem, so argumentiert er, ist zwar eine Sprache, »aber keine Universalsprache, man kann ihr andere Ausdrucks- und Aktionsmittel vorziehen« (SA I, 63).

Das *Verwandtschaftselement* einmal identifiziert, unternimmt es Lévi-Strauss nun, das Haltungsgeflecht zwischen den Gliedern dieser Struktur zu untersuchen. Von den insgesamt sechs Beziehungen innerhalb der Grundstruktur (Bruder/Schwester, Ehemann/Ehefrau, Vater/Onkel, Vater/Sohn, Mutter/Sohn, Onkel/Sohn) berücksichtigt er dabei allerdings lediglich vier. Das Verhältnis zwischen Mutter und Sohn und zwischen Vater und Onkel nimmt er als konstant an (Ersteres als stets positiv, Letzteres als stets negativ). Da ihnen damit keine bedeutungsdifferenzierende Funktion zukommt, können sie bei der von Lévi-Strauss betriebenen Minimalpaaranalyse außen vor bleiben.[60]

Die übrigen vier Verwandtschaftsrelationen werden nun mit mathematischen Vorzeichen versehen. Beziehungen, die von Zuneigung, Nähe, Zärtlichkeit und Spontaneität bestimmt sind, werden mit Plus (+) gekennzeichnet, solche, deren charakteristische Merkmale Distanz, Autorität, Respekt, Feindseligkeit oder Zurückhaltung sind, mit Minus (-). Wiederum fallen dabei von den hypothetisch möglichen eine ganze Reihe von Kombinationen weg. Es lässt sich unschwer denken, dass eine Gesellschaft, in der *alle* Beziehungen durch Distanz gekennzeichnet sind, bald aufhören würde, Gesellschaft zu sein. Auch der umgekehrte Fall aber könnte nicht auf Dauer existieren, da beim Fehlen jeglicher affektiver Distanz der Fortbestand einer *Regel* ernsthaft gefährdet wäre. Eine solche Gesellschaft wäre nicht nur eine, in der es keine formale Zentralinstanz gäbe, sondern eine, die überhaupt keine Strukturen auszubilden in der Lage wäre.

Theoretisch denkbar wären auch Verwandtschaftselemente, bei denen drei positive Beziehungen einer negativen gegenüberstehen oder umgekehrt. Diese aber befänden sich offensichtlich in einem Ungleichgewicht, das nicht allein vom logischen Standpunkt her unbefriedigend wäre, sondern offensichtlich auch keine dauerhafte Realisierung in Form einer menschlichen Gesellschaft erfahren hat. Jedenfalls sind in Raum und Zeit keine Beispiele für ein solches System bekannt. Bleiben also letztlich nur noch sechs Möglichkeiten mit jeweils zwei positiven und zwei negativen Vorzeichen (die obere Reihe bezeichnet von links nach rechts die Beziehung zwischen den Ehegatten und zwischen Bruder und Schwester, die untere jene zwischen Vater und Sohn bzw. Onkel und Sohn).

a	b	c	D	E	f
+ +	+ –	+ –	– +	– +	– –
– –	– +	+ –	+ –	– +	+ +

Die ethnographischen Beispiele zeigen, dass von diesen sechs Möglichkeiten offenbar in der überwältigenden Mehrheit der Fälle nur vier realisiert werden. Beziehungsgeflechte wie a) und f), die keinerlei positive Beziehung *zwischen* den Generationen aufweisen, sind jedenfalls nicht dokumentiert. Erklären lässt sich dies einerseits eher intuitiv mit der Vermutung, dass eine solche Gesellschaft entweder erhebliche Probleme mit der Produktion von Nachkommen hätte (wenn nämlich alle Beziehungen in der Elterngeneration negativ sind[61]), oder aber damit, den Nachwuchs am Leben zu erhalten und zu sozialisieren (wenn alle transgenerationalen Beziehungen negativ sind), vor allem aber zeigt die Anwendung algebraischer Methoden zur Gleichgewichtstheorie, dass die Beziehungsgeflechte a) und f) sich, mathematisch betrachtet, entgegen dem ersten Anschein tatsächlich doch in einem Ungleichgewicht befinden (Oppitz 1993, 112-114).

Das Ganze, man kann es nicht genug betonen, stellt natürlich eine extreme Vereinfachung der tatsächlichen Beziehungen dar[62] – aber eben doch eine Vereinfachung, die nicht nur die Verwandtschaftssysteme weit voneinander entfernt lebender Gesellschaften in einem überraschend klaren Licht erscheinen lässt; sie ist auch in der Lage, zahlreiche Probleme zu lösen, die die Verwandtschaftsethnologie vor Lévi-Strauss in ihrer Fixierung auf die *Glieder* des Systems (statt ihre Relationen) nicht befriedigend klären konnte. Und mehr noch, sie erlaubt in ihrer konsequenten Reduktion empirischer Daten auf logische Grundstrukturen und ein mathematisches Gerüst wenigstens in begrenztem Maße auch die *Vorhersage* von Beziehungshaltungen. In allen untersuchten Fällen nämlich verhält sich die Beziehung zwischen Onkel mütterlicherseits und Neffe zu der zwischen Bruder und Schwester wie die Beziehung zwischen Vater und Sohn zu der zwischen Mann und Frau. Oder mathematisch ausgedrückt:

Mutterbruder/Schwestersohn : Bruder/Schwester :: Vater/Sohn : Mann/Frau

Ist also beispielsweise bekannt, dass, wie bei den patrilinearen Tscherkessen, das Verhältnis zwischen den Ehegatten ebenso durch eine gewisse Distanz bestimmt ist, wie das zwischen Vater und Sohn, kann man daraus unmittelbar ableiten, dass sowohl das Verhältnis zwischen den Geschwistern als auch das zwischen Mutterbruder und Schwestersohn eines der Nähe sein muss. Weiß man hingegen, dass, wie bei den gleichfalls patrilinearen Tonga in Polynesien, sowohl das Verhältnis zwischen Bruder und Schwester als auch das zwischen Vater und Sohn durch eine Reihe strikter *tapus* reglementiert ist (bis hin zum Verbot, sich unter einem Dach aufzuhalten), muss die Beziehung zwischen den Ehegatten ebenso positiv besetzt sein wie die zwischen Onkel und Neffe. Die Gleichung ist unabhängig von Abstammungs- oder Wohnsitzregelungen gültig. Sie lässt sich auf patrilineare Gesellschaften ebenso anwenden wie auf matrilineare, auf Gesellschaften, die den eingeschränkten Tausch praktizieren, ebenso wie auf solche, die verallgemeinerte Tauschzyklen errichtet haben, auf Gesellschaften, die die Heirat mit der matrilateralen Kreuzkusine empfehlen, ebenso wie auf solche, die stattdessen der Parallelkusinenheirat den Vorzug einräumen.

Und natürlich hat sie einen Haken: die Empirie. So weit verbreitet das Verwandtschaftsatom auch sein mag, es gibt eben doch auch Beispiele für Verwandtschaftssysteme (und zwar für elementare Verwandtschaftssysteme), die in ihrem Aufbau anderen Regeln zu folgen scheinen. Lévi-Strauss selbst sah sich Anfang der 1970er Jahre gezwungen, die Möglichkeit eines »schweren Verwandtschaftsatoms« einzuräumen, das sich aus mehr als vier Gliedern zusammensetzt und in dem positive und negative Haltungen sich nicht in der vorhergesehenen Weise verteilen.[63] Davon unbenommen aber ist es ihm gelungen, die scheinbar willkürliche und unendlich komplizierte Art, in der menschliche Gesellschaften das Problem der Heirat lösen, auf eine überschaubare Zahl von Regeln zu reduzieren. Indem Lévi-Strauss bei der Analyse des Verwandtschaftsatoms seine Aufmerksamkeit auf den *systemischen* Charakter von Verwandtschaft richtete und statt der einzelnen Glieder der Familie die *Beziehungen* zwischen ihnen untersuchte und den Mutterbruder nicht als nachgeordnete, sondern als konstitutive Instanz betrachtete, konnte er die Entstehung von Verwandtschaftsstrukturen als unmittelbare Folge des universal gesetzten Inzestverbots erklären. Weiterhin hat er die Vielfalt der nomenklatorischen Verwandtschaftsbezeichnungen auf nur noch drei elementare Strukturen heruntergebrochen (Konsanguinität, Deszendenz, Allianz), die sich mithilfe zweier Tauschformen erzeugen lassen (dem eingeschränkten und dem verallgemeinerten Tausch). Und die Realisierung einer je bestimmten Form des Tausches wiederum machte er abhängig von der Frage, ob die Regeln der Abstammung und der Residenz harmonischen oder disharmonischen Charakters sind (ES 658).

Es mag Gegenbeispiele geben, die Lévi-Strauss in einzelnen Punkten widerlegen. Dennoch stellen die *Elementaren Strukturen der Verwandtschaft* nach wie vor den umfassendsten Versuch dar, die Vielfalt der weltweit zu beobachtenden Heiratspraktiken in ein globales System einzugliedern und aus dieser Systemhaftigkeit heraus zu erklären. Lévi-Strauss konnte nicht nur mehr und plausiblere Strukturen herausarbeiten als irgendjemand sonst vor oder nach ihm, sein System harrt auch bis heute einer endgültigen Widerlegung. Und immer noch bildet das Werk ein nicht zu vernachlässigendes Referenzwerk für nahezu alle verwandtschaftsethnologischen Studien.

4. Totemismus und Klassifizierung

Ab den frühen 1960er Jahren wendet sich Lévi-Strauss allmählich von verwandtschaftsethnologischen Fragen ab und widmet seine Aufmerksamkeit verstärkt den Denk- und Klassifizierungssystemen schriftloser Gesellschaften. Es handelt sich bei diesem Themenwechsel um einen weit weniger starken Bruch, als es auf den ersten Blick den Anschein haben mag. Denn der erste thematische Komplex, den Lévi-Strauss in diesem neuen Zusammenhang ins Auge fasst, der *Totemismus*, zählt nicht nur wie die Verwandtschaft zu den ältesten Themenfeldern der Ethnologie, er schließt in gewisser Weise auch inhaltlich an jene an. Der Begriff *Totem*, der nordamerikanischen Ojibwa-Sprache entlehnt, in der der Ausdruck »*ot-oteman*« sinngemäß »er ist mit mir verwandt« bedeutet, lässt diese Nähe bereits erahnen, und wie die Verwandtschaft gehört der Totemismus mit den an ihn geknüpften Verboten und Vorschriften zu den auffälligsten Phänomenen der von Ethnologen untersuchten Gesellschaften. Schon allein die Tatsache, dass die Mitglieder eines Totemverbands sich auf sich selbst mit dem Namen eines Tieres oder einer Pflanze beziehen, weckte – natürlich, möchte man sagen – das Interesse derer, die diese Gesellschaften erforschten. Dass diese Praxis nicht selten einherging mit dem Glauben an eine besondere Beziehung zwischen solchen Gruppen und den Pflanzen oder Tieren, die sie zum Totem hatten, mit mythologischen Erzählungen, die das Totem zum Ahnherrn der heute Lebenden erklärten, mit Tötungs- oder Speisetabus, Heiratsregeln, Ritualen etc., machte die Angelegenheit nur noch interessanter.

Der Schotte John McLennan lieferte 1869 mit *The Worship of Animals and Plants* den ersten Versuch einer Systematisierung des Phänomens. Für ihn stellte der Totemismus den Anfang aller Religion dar, den frühesten Versuch des Menschen, sich der Vielfalt der natürlichen Erscheinungen zu stellen und sie in ein geschlossenes System religiöser Praktiken zu überführen. Die berühmte Formel, in der McLennan seine Theorie zusammenfasste, definierte Totemismus als »Fetischismus plus Exogamie und matrilinearer Abstammung« (EdT 23), fasste also religiöse Vorstellungen, Heirats- und Deszendenzregeln in der Figur des Totems zusammen. Er galt McLennan als Überbleibsel einer vergangenen mutterrechtlichen Epoche der Menschheit, die die weiter entwickelten Religionen hinter sich gelassen hatten. Gegen diese evolutionistische Herleitung regte sich bereits früh (und erstaunlicherweise auch aus dem evolutionistischen Lager) Widerstand. Mochte Sigmund Freud diese Ansicht auch noch in der zweiten Dekade des 20. Jahrhunderts so entschieden wie einflussreich vertreten,[64] war sie unter Ethnologen doch schon lange zuvor nicht mehr salonfähig. Schon Edward Burnett Tylor vermutete ausgangs des 19. Jahrhunderts, dass sich hinter totemistischen Vorstellungen weit mehr verbergen könnte als lediglich Spuren einer Vorstufe der Religion.[65]

In den folgenden Jahrzehnten sollte sich diese Sicht allmählich durchsetzen. In Großbritannien hat W.H.R. Rivers 1914 versucht, den Totemismus als Zusammenwachsen insgesamt dreier Elemente zu erklären: eines sozialen, eines psychologischen und eines rituellen.[66] In den Vereinigten Staaten meldete zwei Jahre später Franz Boas erstmals prinzipielle Zweifel an der Einheitlichkeit der kulturellen Erscheinungen an, die unter dem Stichwort Totemismus zusammengefasst werden.[67] In Frankreich hat insbesondere Émile Durkheim den Ursprung des Totemismus (wie des Sakralen überhaupt) im Sozialen verortet und in eine allgemeine Theorie der Affekte eingebunden.[68]

Lévi-Strauss nun geht noch einen großen Schritt weiter. Er versucht zu zeigen, dass der Totemismus letztlich nichts anderes ist als der sichtbare Ausdruck einer *Denkstruktur*, die sich der Forderung des menschlichen Geistes nach differenziellen Abständen verdankt. Das zugrunde liegende logische Prinzip ist dabei stets das gleiche – gleichgültig, welche Form die Unterteilung der Wirklichkeit im einzelnen Fall annimmt: Die »empirische Totalität« (d.h. die natürliche Umwelt) wird zunächst so zerteilt, dass sie begrifflich gefasst werden kann, und diese Begriffe werden dann einander in Gegensatzpaaren gegenübergestellt (WD 92). Die klassischen Auffassungen vom Totemismus würden damit freilich obsolet, und tatsächlich bestreitet Lévi-Strauss gleich im ersten Satz von *Le totemisme aujourd'hui* kurzerhand, dass es überhaupt einen klar identifizierbaren Komplex kultureller Phänomene gibt, der sich mit der Bezeichnung sinnvoll fassen ließe. Mit dem Totemismus nämlich, so stellt er kategorisch fest, »verhält es sich ganz wie mit der Hysterie. Als man es sich einfallen ließ, zu bezweifeln, daß man willkürlich einige Phänomene isolieren und sie in Gruppen zusammenfassen könnte, um aus ihnen die diagnostischen Zeichen einer Krankheit oder einer objektiven Institution zu machen, verschwanden sogar die Symptome oder zeigten sich gegenüber den vereinheitlichenden Interpretationen widerspenstig .« (EdT 7)

Der entscheidende Begriff ist hier der der »vereinheitlichenden Interpretation«. Es geht also nicht darum, das Vorkommen totemistischer Praktiken zu bestreiten, sondern um eine Kritik an den Versuchen, diese Praktiken in eine einheitliche Theorie der Genese religiöser Ausdrucksformen zu überführen. Lévi-Strauss nähert sich den Phänomenen dabei gleichsam von hinten an. Statt auf induktivem Wege zu versuchen, aus der Vielfalt der totemistischen Erscheinungen die zugrunde liegenden Regeln abzuleiten, definiert er zunächst die Regeln und Beziehungen, die im totemistischen Feld theoretisch gelten müssten. Erst dann fragt er danach, welche dieser Relationen in der Praxis realisiert werden.

Wie lässt sich nun das semantische Feld bestimmen, in dem sich die unter dem Schlagwort Totemismus geführten Phänomene versammeln? Wie schon bei seiner Untersuchung verwandtschaftsethnologischer Probleme wählt Lévi-Strauss auch hier ein Verfahren, das der Vorgehensweise der strukturalen Linguistik entspricht. Er löst sich zunächst von der Vorstellung, zwischen einer Gruppe und ihrem Totem bestünde eine inhaltlich motivierte Beziehung, und behandelt Totems wie willkürliche Elemente einer Struktur. Nichts also, so der zugrunde liegende Gedanke, bindet ein Totem essenziell an die sich darauf beziehende Gruppe. Weder glauben die Mitglieder einer Totemgemeinschaft, in einer besonderen Beziehung zu beispielsweise dem Bären zu stehen, weil sie sich falsche Vorstellungen von ihrer Herkunft machten, noch weil ihr Verhalten dem des Bären ähnelte (sie also außergewöhnlich stark wären oder brummig oder weil sie den Honig mehr liebten als andere). Auch verhält es sich keineswegs so, dass die Beziehung zum Totem notwendig mit Tötungs- oder Nahrungstabus einherginge oder dass die Totems als beseelte Wesen gedacht würden, die unter dem besonderen Schutz der Totemgruppe stünden oder ihrerseits für diese eine Schutzfunktion übernähmen.[69] All das mag es zwar geben, doch lässt sich aus der disparaten Menge der empirisch beobachteten totemistischen Praktiken kein stimmiges System ableiten. Entweder, so das ernüchternde Fazit aus einhundert Jahren wissenschaftlicher Beschäftigung mit dem Totemismus, die vorgeschlagenen Lösungen beschränken sich auf eine begrenzte Zahl von totemistischen Phänomenen und liefern entsprechend auch nur unbefriedigende Teilerklärungen, oder aber sie fassen in einer gemeinsamen Theorie zusammen, was so divergent ist, dass sich die Frage aufdrängt, ob es sich dabei nicht womöglich doch um Phänomene völlig unterschiedlicher diskursiver Ordnungen handelt. Der Ethnologie kann es daher Lévi-Strauss zufolge in erster Linie weder darum gehen, nach den historischen Wurzeln der Verbindung zwischen Totemgruppe und Totem zu suchen (beispielsweise nach Mythen, die das besondere Verhältnis legitimieren), noch darum, die Totembeziehung auf Nützlichkeitsaspekte zurückzuführen, wie dies von funktionalistischer und strukturfunktionalistischer Seite versucht wurde.[70] Stattdessen gilt es, die Beziehungen zwischen zwei differenziellen Systemen zu bestimmen, die sich paarweise in Reihen von Signifikanten und Signifikaten gegenüberstehen.

Zwei Phänomenbereiche bieten sich dabei zunächst einmal für eine Gegenüberstellung an. Allen als totemistisch beschriebenen Praktiken ist gemeinsam, dass sie eine Verbindung herstellen zwischen einer Person oder einer Gruppe und – so allgemein wie möglich gesprochen – *Phänomenen* der natürlichen Umwelt (auch diese wiederum unterschieden in Individuen und Kategorien). Die Formulierung muss tatsächlich so allgemein gehalten sein, denn zwar beschreibt die Mehrzahl der ethnographischen Texte Verbindungen zwischen menschlichen Gruppen und Tieren oder Pflanzen, daneben aber gibt es auch Totems wie Winde, Schiffe, Diarrhöe, Erbrochenes, Lachen, Schlaf, Kadaver oder »der weiße Mann« (EdT 84; WD 181), die man kaum als »Arten« im zoologischen oder botanischen Sinn bezeichnen kann. Die beobachtbaren (natürlichen) Phänomene stellen dabei zugleich die Ausdrucksseite des totemistischen Zeichens dar, die von ihnen repräsentierten Konzepte seine Inhaltsseite. Diese grundsätzliche Unterscheidung nun erlaubt es Lévi-Strauss, »natürliche« und »kulturelle« Reihen in Form einer Tabelle zu organisieren und mit den beiden Existenzweisen (individuell bzw. kollektiv) ins Verhältnis zu setzen. Für den Bereich der Natur unterscheidet er dabei zwischen Kategorien und Individuen (bzw. Tiergattungen und einzelnen Tieren), für den Bereich der Kultur zwischen Gruppen und Personen. Daraus ergibt sich folgendes Schema (EdT 27):

	1	2	3	4
Natur (Signifikant)	Kategorie	Kategorie	Individuum	Individuum
Kultur (Signifikat)	Person	Gruppe	Person	Gruppe

Der Abgleich dieser Tabelle mit dem ethnographischen Material zeigt, dass es tatsächlich für jede der vier möglichen Kombinationen empirische Beispiele gibt. Der »individuelle Totemismus« des ersten Typs (Kategorie/Person) war recht verbreitet unter den Indianern Nordamerikas, wo der Einzelne versuchte, sich durch Prüfungen und Exerzitien mit einer natürlichen Kategorie zu versöhnen. Der eher »kollektive Totemismus« des zweiten Typs (Kategorie/Gruppe) kam zahlreich in Australien vor. Die dritte Kombination (Individuum/Person) fand sich im Südpazifik (etwa bei den Mota auf den Banks-Inseln, wo Kinder als Verkörperung jener Pflanze oder jenes Tieres betrachtet wurden, die die Mutter in dem Moment sah oder verzehrte, als sie sich ihrer Schwangerschaft bewusst wurde). Die kollektive Verehrung oder der kollektive Schutz eines bestimmten Tiers schließlich (etwa eines heiligen Krokodils oder eines Löwen) ist sowohl für Afrika als auch für Polynesien häufig beschrieben worden (EdT 27-28).

Hier nun beginnen die Schwierigkeiten. Die Tabelle verdankt sich einer denkbar einfachen mathematischen Operation und stellt die Kombinationsmöglichkeiten dar, die sich theoretisch zwischen der natürlichen und der kulturellen Reihe ergeben, wenn man innerhalb der Elemente beider Reihen noch weiter unterscheidet, ob diese als individuelles Exemplar oder als Gruppe, Gattung oder Kategorie darin auftauchen. Logisch sind alle vier Kombinationen gleichwertig, allerdings wurden die Paare 3 und 4, die eine besondere Beziehung zu einem individuellen Tier oder einer einzelnen Pflanze bezeichnen, in der ethnologischen Literatur in der Regel nicht als totemistisch angesehen. Gerade in dieser Reduktion des totemistischen Feldes auf die beiden Typen, die sich nicht auf individuelle Erscheinungen der natürlichen Umwelt beziehen, sondern stets auf alle Exemplare der betroffenen Klasse, liegt für Lévi-Strauss eine der Ursachen der Verwirrungen um den Totemismus. Die »totemistische Illusion« (EdT 28), so führt er aus, konnte nur entstehen, weil man willkürlich eine begrenzte Zahl von Fällen aus dem semantischen Feld herauslöste, das ihre inhaltliche Reichweite bestimmt, und sie isoliert betrachtete. Genau diese Praxis aber machte die totemistischen Phänomene überhaupt erst geheimnisvoll und verlieh dem Totemismus jene Aura der Originalität und des Kuriosen, die ihn für religionswissenschaftliche und historisierende Betrachtungen so attraktiv werden ließ.

Lévi-Strauss bricht radikal mit dieser Betrachtungsweise und wählt einen gänzlich anderen Weg der Annäherung. Zunächst einmal schließt er keine der in der Tabelle aufgeführten Verbindungen von natürlicher und kultureller Reihe von vornherein aus dem zu untersuchenden Feld aus. Er besteht jedoch darauf, dass man die unterschiedlichen Typen von Totems gesondert analysieren muss – auch wenn sie in einer Gesellschaft parallel existieren mögen. Alles andere bedeute eine unzulässige Vermischung von gänzlich voneinander verschiedenen Dimensionen des Denkens. Im nächsten Schritt wird dann – ganz analog zur Verfahrensweise der strukturalen Linguistik – die Reihe der Totems in Beziehung gesetzt zur Reihe der gesellschaftlichen Gruppen, denen sie zugeordnet sind. Letztere können Hälften sein oder Sektionen und Untersektionen von matri- oder patrilinearen Clans, konzeptionelle oder verwandtschaftlich bestimmte Kultverbände etc.; sie können lediglich ein Individuum umfassen oder größere Gruppen. Für die Analyse der totemistischen Beziehungen spielt das keine Rolle (EdT 61). Entscheidend ist vielmehr, dass der Organisation der Totems (bzw. der »natürlichen« Reihe) eine vergleichbare Unterteilung im Bereich der »kulturellen« Reihe entspricht.

An Bedeutung verlieren dabei vor allem die Beziehungen zwischen einem Clan und »seinem« Totem. Ein einfaches Beispiel soll dies veranschaulichen. Nehmen wir eine Gesellschaft an, die in drei exogamen Clans organisiert ist, von denen jeder den Namen eines Tieres trägt: Bär, Adler und Schildkröte.[71] Vergebens würde man nun nach intrinsischen Eigenschaften suchen, die die Mitglieder des Bärenclans an ihr Totemtier binden. Zwar ließen sich vermutlich durchaus gewisse Gemeinsamkeiten konstruieren oder Erzählungen finden, die die Verbundenheit mit dem Totemtier thematisieren oder eine Abstammung der Ahnen des Clans von jenem behaupten, bedeutsamer ist aber ein ganz anderer Aspekt. Die drei Tiere dieser natürlichen Reihe können in diesem einfachen Modell als Repräsentanten jeweils eines getrennten Bereichs der natürlichen Umwelt betrachtet werden. Der Bär korrespondiert dabei der Erde, der Adler dem Himmel und die Schildkröte dem Wasser. Letztlich handelt es sich also um eine kosmologische Struktur, die ihren Widerhall in der totemistischen Organisation der Gesellschaft findet.

Bär (Erde)	Adler (Himmel)	Schildkröte (Wasser)
Bärenclan	Adlerclan	Schildkrötenclan

Welcher Art hier die gedachten (und möglicherweise auch in Mythen und Ver- oder Geboten ausgedrückten) Beziehungen zwischen den einzelnen Gruppen und ihren Totems sind, spielt dabei keine Rolle. Es gehört nicht viel Fantasie dazu, sich vorzustellen, dass das Verhältnis der Mitglieder des Bärenclans zum Bären anderer Natur sein dürfte als das der Mitglieder des Schildkrötenclans zur Schildkröte (so wären ja etwa, um nur einen Aspekt herauszugreifen, bei einer Begegnung mit dem Totemtier in freier Wildbahn durchaus unterschiedliche Grade von Vorsicht angeraten). Weit bedeutsamer ist denn auch, dass die natürliche Reihe der Totemtiere sich homolog zur kulturellen Reihe der menschlichen Gesellschaft unterteilt.[72] Statt eine von Gesellschaft zu Gesellschaft variierende Zahl von dyadischen Beziehungen zwischen Totemgruppen und Totems zu untersuchen, geht es Lévi-Strauss um die *Gesamtheit* dieser Paare, um das System, das sie bilden.

Ferdinand de Saussure hat in seinen Überlegungen zur Sprache diese Art der Beziehung einmal mit einem Blatt Papier verglichen, bei der das Denken die Vorderseite darstellt und der Laut die Rückseite: »man kann die Vorderseite nicht zerschneiden, ohne zugleich die Rückseite zu zerschneiden.«[73] Übertragen auf den Bereich des Totemismus bedeutet dies, dass die Kette der Totems (der Signifikanten) sich nicht sinnvoll trennen lässt von der der gesellschaftlichen Gruppen oder Individuen (Signifikate), die sich darüber ausdrücken, vor allem aber, dass wie in der strukturalen Linguistik auch hier der *Form* der Vorrang eingeräumt werden muss vor der *Substanz*. So wie der Bär verschieden ist von der Schildkröte, so halten sich die Mitglieder des Bärenclans für verschieden von denen des Schildkrötenclans. Nicht die Ähnlichkeiten sind es dabei, die sich ähneln, so die scheinbar paradoxe Folgerung, sondern die Unterschiede:

»Wir wollen darunter verstehen, dass zunächst nicht Tiere einander ähneln (weil sie alle teilhaben an der tierischen Verhaltensweise) und Ahnen einander (weil sie teilhaben an der Verhaltensweise von Ahnen), daß es schließlich keine globale Ähnlichkeit zwischen den zwei Gruppen gibt, sondern einesteils Tiere, die sich voneinander unterscheiden (weil sie von unterschiedlichen Gattungen abstammen, deren jede eine physische Erscheinung und eine ihm [sic] eigene Lebensweise hat) und andernteils Menschen – deren Ahnen einen besonderen Fall darstellen –, die sich voneinander unterscheiden, weil sie auf Segmente der Gesellschaft verteilt sind, deren jedes eine besondere Stellung in der sozialen Struktur einnimmt). Die Ähnlichkeit, die die sogenannten totemistischen Vorstellungen voraussetzen, liegt *zwischen diesen beiden Systemen von Unterschieden.*« (EdT 101-102)

Es kann mithin der Ethnologie nicht darum gehen zu versuchen, die *äußeren Analogien* zwischen den Elementen der natürlichen und der kulturellen Reihe aufzuzeigen. Wichtiger ist für Lévi-Strauss vielmehr die *innere Homologie*, die verantwortlich zeichnet für die parallele Struktur der beiden Reihen (EdT 102). Vergleiche lassen sich damit am sinnvollsten anstellen auf der Ebene der Struktur. Die Struktur der kulturellen Reihe (Bärenclan, Adlerclan, Schildkrötenclan) gleicht der der natürlichen Reihe (Bär, Adler, Schildkröte), denn in beiden Fällen haben wir es mit einem in sich geschlossenen System zu tun, das keine Überschneidungen aufweist. Ein Bär ist kein Adler und keine Schildkröte, und niemand ist zugleich Mitglied zweier verschiedener Clans. Letztlich also erfahren die sozialen Differenzierungen in einem totemistischen System eine Art Materialisierung auf der Ebene der Totems.

Nun wird auch deutlich, weshalb die überwältigende Mehrheit der Totems dem Tier- und Pflanzenreich entstammt. Dass es sich dabei nicht um eine *notwendige* Auswahl handelt, wurde schon erwähnt – denn wäre dem so, ließen sich weder nicht-organische Totems wie Winde oder der Schlaf befriedigend erklären noch die Phantasietierarten, die etwa Evans-Pritchard bei den afrikanischen Zande gefunden hat.[74] Das Kriterium, nach dem die Auswahl erfolgt, ist folglich auch nicht, wie Malinowski vermutete, dass man die zum Totem erwählten Arten »gut essen« kann, ihre besondere Eignung beziehen sie vielmehr daraus, dass sie »gut zu denken« sind (EdT 116). Was die Tier- und Pflanzenwelt den Menschen bietet, ist also vor allem »eine Denkmethode« (EdT 22). Durch den Rückgriff auf Totems aus diesen Bereichen lassen sich die Beziehungen, die auf sozialer Ebene herrschen, auf einem anderen System abbilden, das seinerseits bereits als komplexes Beziehungsgefüge gedacht wird. Das Verhältnis zwischen Totemgruppe und Totem ist also nicht vollständig arbiträr, sondern nutzt bestimmte Eigenheiten des animalischen oder vegetabilen Systems, um soziale Beziehungen rekursiv auszudrücken. Anders als es bei Eigennamen ohne Bezug zu einem differenziellen System der Fall wäre, werden im System der Benennungen die Unterschiede auf kultureller Ebene gleichsam wiederholt. So gibt es etwa bei den Luapula in Sambia eine Anzahl von Clans, deren Beziehungen untereinander recht genau geregelt sind. Die *Clannamen* für sich allein genommen, geben zunächst keine Auskunft über die Art des Verhältnisses. Bei näherer Betrachtung erweist sich jedoch, dass die Benennungspraxis auf vollständig rationale Überlegungen zurückgreift. So bestehen Scherzbeziehungen zwischen folgenden Clans:

»Leopard und Ziege, weil der eine die andere frißt; Pilz und Termitenbau, weil der eine auf dem anderen wächst; Brei und Ziege, weil man den Brei lieber mit Fleisch isst; Elefanten und Tonerde, weil ehemals die Frauen, statt Behälter zu formen, Abdrücke von Elefantenfüßen aus dem Boden herauslösten und diese natürlichen Formen anstelle von Behältern verwendeten; der Termitenbau und die Schlange oder das Gras, weil das Gras auf dem Bau gut wächst und die Schlangen sich darin verbergen; das Eisen und alle ›Tier‹-Clans, weil es die Tiere tötet.« (WD 78)

Und nicht nur scherzhafte Beziehungen, auch die Hierarchie der Clans ist in der Nomenklatur bereits angelegt. Wenngleich also die *Form* der totemistischen Beziehungen wichtiger ist als ihre *Substanz*, lassen sich die beiden Elemente doch auch nicht vollständig voneinander trennen: »[D]er Leopard ist der Ziege überlegen, das Eisen den Tieren und der Regen dem Eisen, denn er bringt es zum Rosten; im übrigen ist der Regen-Clan allen anderen überlegen, denn ohne Regen würden die Tiere vor Hunger und Durst sterben, und es wäre unmöglich, einen Brei (Name eines Clans), Töpferware (Name eines Clans) usw. herzustellen.« (WD 78)

Die Beziehungen zwischen den Elementen der natürlichen Reihe müssen dabei nicht den Regeln der taxonomischen Klassifikation folgen, wie sie von den modernen Naturwissenschaften seit geraumer Zeit (wenngleich freilich keineswegs schon immer[75]) betrieben wird. Entscheidend ist, dass sie überhaupt auf klassifikatorischen Regeln aufbauen. Die unter dem Stichwort Totemismus geführten Praktiken erweisen sich also letztlich als wenig mehr als ein Sonderfall des viel allgemeineren Problems, wie nämlich der Mensch seine Umwelt kognitiv erfasst und klassifiziert (WD 78). Die Schwierigkeit bei der Erfassung solcher Systeme rührt daher, dass ihnen offensichtlich, was die Beschaffenheit der Verbindung angeht, »wenn man so sagen darf, jedes Mittel recht« ist (WD 82). Vorherrschend mögen zwar Beziehungen der Kontiguität (etwa, wie erwähnt, Pilz und Termitenhügel bei den Luapula) und der Ähnlichkeit sein (so bei den Nuer, die die rote Ameise und die Kobra für in der Farbe »ähnlich« halten), doch existiert daneben eben auch noch eine Reihe weiterer Verbindungstypen. So hat beispielsweise die Biene nicht nur mit der Pythonschlange gewisse körperliche Merkmale gemeinsam, sondern teilt auch mit dem Zimmermann, dass beide etwas herstellen (WD 79). »Sodann kann die Beziehung locker sein oder fest, synchron oder diachron (Verbindung von Eichhörnchen und Zeder einerseits, von Töpferin und Abdruck des Elefantenfußes andererseits), statisch (Brei und Ziege) oder dynamisch (das Eisen tötet die Tiere, der Regen ›tötet‹ das Eisen; das Blühen einer Pflanze bedeutet, dass es Zeit ist, ins Dorf zurückzukehren) usw.« (WD 80)

Auch Gesellschaften, die Beziehungen zwischen den Elementen ihrer Umwelt nur unter Hinzuziehung vergleichsweise weniger Kriterien herstellen, schaffen auf diese Weise komplexe mehrdimensionale Systeme, die zu durchschauen keinesfalls ohne umfassende Inventarisierung der indigenen Bezeichnungssysteme gelingen kann.

Ältere anthropologische Theorien gingen meist davon aus, dass das Denken der sogenannten Wilden dem der Mitglieder moderner Gesellschaften unterlegen sei und lediglich eine »prälogische Vorstufe« des rationalen, wissenschaftlichen Denkens darstelle.[76] Die Annahme basiert im Wesentlichen auf zwei einander widersprechenden Argumenten: Verfügte eine Gesellschaft über zahlreiche Ausdrücke für Pflanzen- oder Tierarten, wies aber keine oder nur wenige generische Substantive wie »Baum« oder »Tier« auf, unterstellte man ihr mangelndes Abstraktionsvermögen; gab es hingegen ein Übergewicht allgemeiner Ausdrücke zuungunsten der spezifischen, lautete der Vorwurf auf ungenügende Differenzierung und intellektuelle Armut. So bemängelt der deutsche Forschungsreisende Aurel Krause 1885 nach seinem Besuch bei den nordamerikanischen Tlingit: »Von den Pflanzen und den Tieren benennt der Indianer nur die nützlichen oder schädlichen Arten; die anderen werden unterschiedslos als Vogel, Unkraut usw. eingestuft.«[77] Gemeinsam ist beiden Auffassungen, dass das Denken der Anderen darin als Mangeldiskurs charakterisiert wird. Dieser Mangel besteht aber natürlich nur, wenn man die Benennungspraxis der modernen westlichen Gesellschaften nicht nur zur Norm erhebt, sondern ihr auch zubilligt, bei der Bezeichnung und Einteilung der natürlichen Umwelt das einzig *richtige* Verhältnis von Abstraktion und Differenzierung gefunden zu haben.

Nun braucht es allerdings gar nicht den Blick auf fremde Gesellschaften, um die Unhaltbarkeit dieser Annahme zu erkennen. Das Fachvokabular einer beliebigen Berufsgruppe zeigt in der Regel sehr deutlich, dass die Welt der Dinge weit differenzierter unterteilt werden kann, als wir dies als Nichtspezialisten zu tun gewohnt sind. Die Einsicht findet sich bereits im 11. Band der *Encyclopédie* von Diderot und d'Alembert formuliert. Der Verfasser des Artikels NOM stellt dort fest, dass, betrachte man ausschließlich den Bereich der Substantive, jede Sprache als arm erscheinen müsse, weil sie nur einen kleinen Ausschnitt aus der Gesamtheit der möglichen Bezeichnungen repräsentiere. Da nämlich die Menge der natürlichen Phänomene potenziell gegen unendlich geht, müsse jede Sprache notwendig eine *Auswahl* treffen, die es ihren Sprechern ermöglicht, die individuellen Erscheinungen, je nach ihren Bedürfnissen, als Individuen zu benennen oder aber zu Klassen zusammenzufassen.[78] Die Art und Weise dieser subsumierenden Reduktion folge dabei primär den praktischen Interessen der jeweiligen Gesellschaft. Wo eine differenzierte Unterscheidung für wichtig erachtet wird, sei das Vokabular reich und detailliert, wo hingegen kein solches Interesse besteht, bleibe es vergleichsweise arm.[79] So ist es ja beispielsweise recht hilfreich, über ein allgemeines Wort wie »Sand« zu verfügen und beim Sprechen über die Wüste nicht jedes Sandkorn mit einem eigenen Namen bezeichnen zu müssen. Hingegen sind mühelos auch Lebensumstände vorstellbar, in denen es günstig ist, über unterschiedliche Lexeme zu verfügen, um etwa zu unterscheiden, ob der Schnee, von dem man gerade spricht, auf festen Grund oder auf Wasser gefallen ist.[80] Dass die Art der begrifflichen Unterteilung der Welt nichts mit den kognitiven Fähigkeiten derer, die sie vornehmen, zu tun hat, ist inzwischen vielfach nachgewiesen. Es scheint sich vielmehr einfach so zu verhalten, dass ein starkes Interesse an einem bestimmten Ausschnitt der Wirklichkeit mit einem differenzierten Vokabular zu diesem Bereich einhergeht. Man kann aber durchaus fragen – und genau das tut Lévi-Strauss in *Das wilde Denken* – ob Tier- und Pflanzenarten tatsächlich vor allem deshalb bekannt (und benannt) sind, weil sie nützlich sind. Wäre nicht auch der umgekehrte Fall denkbar? Dass sie nämlich für nützlich gehalten werden, weil sie bekannt sind (WD 20).

Man mag sich bei dieser Frage auf den ersten Blick an das 18. Jahrhundert und an die von Vico, Condillac oder Herder angestellten Spekulationen über den Sprachursprung erinnert fühlen. Darum geht es Lévi-Strauss jedoch nicht.[81] Das grundsätzliche Problem, das in seiner Umkehrung der utilitaristischen semantischen Theorien aufscheint, ist vielmehr, dass es keinen vernünftigen Grund gibt, die Erkenntnis der Nützlichkeit einer Sache zeitlich und kausal ihrer Benennung vorzulagern. Zwar mag es sich in vielen Fällen tatsächlich so verhalten (die Erfindung neuer Objekte erfordert ja in der Tat in der Regel auch neue Begriffe), doch kann eine solche Praxis keinesfalls verallgemeinert werden. Schon deshalb nicht, weil es Gesellschaften gab und gibt, in denen Innovationen eine eher untergeordnete Rolle spielen und sich, wenn überhaupt, dann eher der Rekombination bestehender Elemente verdanken als dem Versuch, radikal Neues zu erschaffen. Und auch eine sprachliche Praxis, die sich Tendenzen zur Abstraktion gegenüber resistent zeigt und sich darauf beschränkt, Beziehungen zwischen Phänomenen herzustellen, die ohnehin bereits sprachlich voneinander geschieden sind, ist eine intellektuelle Aktivität, die Ordnung in die ungeordnete Welt der Dinge bringt.

Dinge haben mit anderen Dingen zu tun. Jedenfalls ist das etwas, was Menschen zu allen Zeiten und an allen Orten gerne glaubten. James George Frazer schildert den Fall von australischen Aboriginies, bei denen die Mutter eines frisch beschnittenen Knaben, dessen Wunde noch nicht verheilt ist, »weder Opossumfleisch noch bestimmte Eidechsen- oder Teppichschlangenarten oder irgendwelches Fett« essen darf, um die Wundheilung nicht zu verzögern.[82] Die Frage, die sich stellt, ist nun freilich nicht, ob es möglich ist, den Heilungsprozess durch die Beachtung dieser Speisetabus zu beschleunigen (die westliche Schulmedizin wäre hier vermutlich eher skeptisch), sondern ob es möglich ist, *irgendeinen* logischen Zusammenhang zwischen der Beschneidungswunde und dem Opossum bzw. den Eidechsen und Teppichschlangen herzustellen. Und hier kann die Antwort nur lauten: »ja«. Die Verbindung mag einem nicht indigenen Beobachter nicht auf den ersten Blick ins Auge springen, doch gäbe es sie nicht, wäre die Praxis unsinnig und würde kaum dauerhaft Bestand haben. Auch wenn der praktische Nutzwert der Verbindung also einer empirischen Überprüfung unter Laborbedingungen nicht standhalten mag, befriedigt sie doch auf jeden Fall das intellektuelle Bedürfnis nach einer gewissen *Ordnung der Dinge*. Wie immer eine Klassifizierung auch aussehen mag, so fasst Lévi-Strauss diesen Gedanken zusammen, »sie ist besser als keine Klassifizierung« (WD 21).

Immer noch mag sich der eine oder die andere schwer damit tun, Zuordnungen, die allein auf Ähnlichkeiten der äußeren Form, der Konsistenz, der Farbe, der Größe oder des Verhaltens beruhen, den Status der Wissenschaftlichkeit einzuräumen. Wenn im römischen Altertum, wie Marcellus berichtet, Zahnschmerzen dadurch geheilt wurden, dass man gestiefelt unter freiem Himmel auf dem Boden stehend einen Frosch beim Kopf packte, ihm ins Maul spie und ihn mit der Bitte, den Schmerz mit fortzunehmen, wieder laufen ließ,[83] versuchte man offensichtlich, den Schmerz durch Magie zu beseitigen. Das aber tat man keineswegs in Unkenntnis des Zusammenhangs von Ursache und Wirkung, sondern, im Gegenteil, in einer gewissen Überstrapazierung des Kausalitätsprinzips. Während nämlich die modernen Naturwissenschaften nur gewisse Arten des Determinismus anerkennen und diese in regelmäßigen Abständen auf ihre Gültigkeit hin befragen, setzt das magische Denken einen »globalen und integralen Determinismus« voraus (WD 23) und entzieht sich weitgehend der Überprüfbarkeit. So muss beispielsweise auch die Erfahrung, dass ein bestimmter Zauber in einem bestimmten Fall unwirksam bleibt, keineswegs dazu führen, die Effektivität von Zauberei generell in Frage zu stellen. Eher im Gegenteil. Führt etwa ein Liebeszauber nicht zu dem ersehnten Erfolg, lässt sich das mühelos erklären, ohne dabei die Wirkungsmacht magischer Praktiken in Zweifel ziehen zu müssen: Entweder nämlich hat der glückliche Konkurrent einen stärkeren Zauber eingesetzt, oder aber der eigene Zauber wurde durch einen Schadenszauber neutralisiert. Beide Deutungen verstärken eher noch den Glauben an die Wirksamkeit der Magie, als ihn zu erschüttern. Im Übrigen ist natürlich keineswegs erwiesen, dass Zauberei nicht wirkt. Zumindest gewisse magische Praktiken funktionieren ja offensichtlich in der Tat ganz tadellos. Bereits in einem kurzen Text von 1949, *Der Zauberer und seine Magie*,[84] hat Lévi-Strauss sich mit diesem verstörenden Sachverhalt beschäftigt. Er definiert darin eine Art »Gravitationsfeld«, dessen Pole vom Glauben des Zauberers an die Wirksamkeit seiner Techniken, dem Glauben des Kranken, der geheilt, oder des Opfers, dem geschadet wird, und der öffentlichen Meinung gebildet werden (SA I, 184). Unverzichtbare Voraussetzung für den Erfolg von Hexerei wäre demnach einerseits der Glaube an ihre Wirksamkeit, andererseits das Wissen des Opfers darum, gerade ihr Objekt zu sein.

Auch jenseits solcher Effektivitätsüberlegungen liegen jedoch, das jedenfalls ist Lévi-Strauss' These, wissenschaftliche und magische Erklärungsmodelle keineswegs so weit auseinander, wie es vielleicht auf den ersten Blick den Anschein hat. Tatsächlich gibt es gute Gründe, dem »vorwissenschaftlichen« Denken die Wissenschaftlichkeit nicht abzusprechen. Lévi-Strauss begründet dies unter anderem mit Hinweis auf das, was er das »neolithische Paradox« nennt (WD 26). Gemeint ist damit die Tatsache, dass die wesentlichen Fertigkeiten und Kenntnisse aller späteren Zivilisationen bereits in der Jungsteinzeit entwickelt wurden: Töpferei, Weberei, Landwirtschaft, Tierzucht, Hausbau, Vorratshaltung bis hin zur Metallverarbeitung, deren weiträumige Verbreitung, folgt man der Epochenunterteilung der Vor- und Frühgeschichtler, schließlich das Ende des Neolithikums einläutete. Keine dieser Techniken ist zufällig entstanden: Tonerde, die man zu einem Topf formt, wird nicht einfach wasserdicht, Fäden organisieren sich nicht ohne menschliches Zutun als Kette und Schuss, Pflanzen und Tiere domestizieren sich nicht von allein, und Lebensmittel verderben, wenn sie einfach liegen gelassen werden. All diesen technologischen Revolutionen geht eine lange Periode der Beobachtung und des systematischen Ausprobierens voraus, die mit Fug und Recht als *wissenschaftlich* bezeichnet werden kann. Wer immer daran beteiligt war, musste sich auszeichnen durch Neugier, Geduld, Kreativität und Freude an der Erkennttnis. Weder auf den ersten Blick nutzloses Wissen (d.h. Wissen, das zwar unabdingbare Voraussetzung für die Entdeckung komplexerer Techniken bildet, selbst aber ohne unmittelbaren praktischen Nutzwert ist) durfte ihn abschrecken noch die extreme Dauer, die einige dieser Erfindungen bis zum Erreichen der Anwendungsreife benötigten (etwa im Falle der Züchtung von Haustierrassen).

Die moderne Wissenschaft mag insgesamt erfolgreicher sein, wenn es darum geht, Voraussagen zu machen, und der Einsatz von Bohrer und Füllmaterial mag besser gegen Zahnschmerzen helfen als die von Marcellus beschriebene Methode mit dem Frosch, die *geistigen Prozesse* aber, die beide zur Voraussetzung haben, sind in weiten Teilen nahezu identisch. Wenn sie sich überhaupt unterscheiden, dann weniger ihrer Natur nach als vielmehr aufgrund der »Erscheinungstypen«, auf die sie sich beziehen: Gegenständen oder Lebewesen auf der einen Seite, Begriffen und abstrakten Konzepten auf der anderen. Lévi-Strauss spricht hier auch vom Gegensatz zwischen dem »Sensiblen« und dem »Intelligiblen«, zwischen Phänomenen der wirklichen Welt,[85] mit anderen Worten, die Gegenstand der sinnlichen Wahrnehmung werden können, und abstrakten Vorstellungen, die allein als Ideen existieren.

In den westlichen Wissenschaften gewinnt diese Unterscheidung seit etwa dem 17. Jahrhundert an Bedeutung. Die sinnlich wahrnehmbaren Eigenschaften der Dinge – Farbe, Geruch, Geschmack, Klang, taktile Textur etc. – rückten seither immer stärker in den Rang von bloß noch sekundären Qualitäten. Die »wahre Realität« von Gegenständen oder Lebewesen hingegen ergab sich zunehmend aus ihren objektiven Eigenschaften (der molekularen Struktur etwa, der Masse oder der Stellung in einem taxonomischen System). Der Unterschied zwischen den beiden Wissenssystemen liegt nun nicht zuletzt darin, dass die

»Wissenschaft vom Konkreten« ein zwar vielfältiges und umfangreiches, letztlich aber doch geschlossenes System voraussetzt, die modernen Wissenschaften hingegen ein offenes. Das berühmt gewordene Begriffspaar, das Lévi-Strauss zur Bezeichnung dieser unterschiedlichen Denkmodi in die Diskussion einführt, ist das von Bastler (*bricoleur*) und Ingenieur (WD 29 ff.).

Beide, Bastler wie Ingenieur, stellen Dinge her. Im Unterschied zum Ingenieur aber, dessen Arbeitsmittel sich stets im Hinblick auf das jeweils zu bewältigende Projekt bestimmen lassen, arbeitet der Bastler mit dem, was gerade zuhanden ist. Das Ergebnis einer solchen Bastelei (*bricolage*) muss dem der Ingenieurskunst an Funktionalität und Ästhetik nicht nachstehen, doch im Unterschied zum Ingenieur macht der Bastler seine Arbeit nicht davon abhängig, ob ihm die Rohstoffe und Werkzeuge, die zur Ausführung seines Projekts eigentlich notwendig wären, auch tatsächlich zur Verfügung stehen. Ein Beispiel: Bei der Apollo-13-Mission im April 1970 traten während des Rückflugs zur Erde Probleme mit der Sauerstoffversorgung auf. Die komplette Crew hatte nach der Explosion eines Sauerstofftanks in die Mondfähre umziehen müssen, die eigentlich nur für zwei Mann und zwei Tage konzipiert war. Um die Sauerstoffwiederaufbereitung für einen längeren Zeitraum und drei Personen zu sichern, hätten nach einiger Zeit die Lithiumhydroxid-Aggregate ausgewechselt werden müssen. Die dafür in Frage kommenden Aggregate des Kommandomoduls hatten jedoch eine andere Passform. Das Überleben der Crew hing jetzt davon ab, dass es ihr gelang, einen Adapter herzustellen. Eine leichte Aufgabe für Lévi-Strauss' Ingenieur. Er hätte die spezifischen Eigenschaften des Adapters ermittelt, einen Plan gezeichnet und sich dann daran gemacht, die für den Bau notwendigen Materialien zu beschaffen und die entsprechenden Teile herzustellen. Die meisten dieser Teile würden ihre volle Funktionalität auch tatsächlich nur im Hinblick auf das konkrete Projekt entfalten und wären in anderen Kontexten vielleicht nicht völlig unbrauchbar, aber eben doch von allenfalls eingeschränktem Nutzen. Sich als Ingenieur zu betätigen war freilich keine Option, die den Ingenieuren in Houston offengestanden hätte; die unerwartet eingetretene Notlage zwang sie, sich als Bastler zu versuchen. Ihr erster Schritt konnte nicht in der Ausarbeitung eines Plans bestehen, sondern musste retrospektiver Natur sein. Sie führten zunächst eine Bestandsaufnahme der im Raumschiff zur Verfügung stehenden Gegenstände durch (die Anzahl der Mittel war in diesem Fall, wie man sich denken kann, äußerst begrenzt) und suchten dann nach einer Möglichkeit, aus Pappstücken, Plastiktaschen, Teilen eines Raumanzugs und großen Mengen an Klebestreifen den überlebensnotwendigen Adapter zu fertigen. Das Ergebnis der Bastelei war am Ende ästhetisch wenig befriedigend, es erfüllte aber seinen Zweck. Was aber in unserem Zusammenhang noch wichtiger ist: Keines der Bauteile stand ursprünglich in irgendeiner Beziehung zum augenblicklichen Projekt, mehr noch, um überhaupt an sie zu gelangen, mussten andere Werke der Ingenieurskunst (wie etwa ein Raumanzug) zerstört und ihrer Funktionalität beraubt werden. Wenigstens Spuren dieser früheren Verwendung trugen jedoch alle für den Adapterbau verwendeten Teile weiterhin in sich; dies schon allein deshalb, weil es die Einpassbarkeit in ihren ursprünglichen Zusammenhang war, die überhaupt dazu führte, ihnen die spezifische Form und Materialität zu verleihen, die sie zu einem Werkstoff der Bastler werden ließ.

Was bedeutet dies nun übertragen auf den Bereich des Denkens? Die Eigenart der Wissenschaft vom Konkreten bzw. des »mythischen Denkens« besteht für Lévi-Strauss darin, »sich mit Hilfe von Mitteln auszudrücken, deren Zusammensetzung merkwürdig ist und die, obwohl vielumfassend, begrenzt bleiben; dennoch muss es sich ihrer bedienen, an welches Problem es auch immer herangeht, denn es hat nichts anderes zur Hand« (WD 29). Es kann auf intellektuellem Gebiet hervorragende und mitunter unvorhergesehene Ereignisse zeitigen, und es kann auf krummen Wegen zu denselben Resultaten gelangen wie die modernen Naturwissenschaften. Die Ethnobotanik kennt ungezählte Beispiele für traditionelle medizinische Anwendungen, die die Erkenntnisse der modernen Schulmedizin vorwegzunehmen scheinen, jedoch auf völlig anderen Grundlagen entwickelt wurden. Dabei geht das mythische Denken auf intellektueller Ebene auf die gleiche Art vor wie der Bastler auf der materiellen. Der Vorrat an Bildern, aus denen es schöpft, verdankt sich also nicht abstrakten Überlegungen, sondern in erster Linie der Beobachtung der natürlichen Welt. Welche Tiere werden unterschieden und welche Pflanzen? Wo finden sie sich? Welche Form, welche Farbe haben sie? Sind sie essbar oder giftig und so fort. Aus diesem Schatz an praktischem Wissen lassen sich symbolische Bedeutungen und semantische Netze generieren, und aus diesem Schatz speist sich das weltanschauliche System der jeweiligen Gesellschaft. Diese Art des Umgangs mit Wissen ist seinem Wesen nach zeitlos, denn:

»es will die Welt zugleich als synchronische und diachronische Totalität erfassen, und die Erkenntnis, die es daraus gewinnt, ähnelt derjenigen, wie sie Spiegel bieten, die an einander gegenüberliegenden Wänden hängen und sich gegenseitig (sowie die Gegenstände in dem Raum, der sie trennt) widerspiegeln. Unzählige Bilder entstehen gleichzeitig, und keines ist dem anderen genau gleich; und folglich erbringt jedes von ihnen nur eine Teilkenntnis der Dekoration und des Mobiliars, deren Gruppierung durch unveränderliche eine Wahrheit ausdrückende Eigentümlichkeiten charakterisiert ist.« (WD 302f.)

Man hat Gesellschaften, in denen dieser Typ des Denkens dominant ist, oft »geschichtslos« genannt. Die Bezeichnung ist allerdings nicht besonders glücklich gewählt, denn natürlich befinden auch sie sich »in der Geschichte« und sind keineswegs resistent gegen historischen Wandel. Im Unterschied zu Gesellschaften, die diesen Wandel gleichsam interiorisiert und zum Motor ihrer Entwicklung gemacht haben, versuchen sie jedoch, mit ihren Institutionen und rituellen Praktiken ein Gleichgewicht herzustellen und die Wirkung historischer Faktoren so weit wie möglich zu annullieren (WD 270). Das Bemühen, Veränderungen der Struktur zu verhindern, erstreckt sich dabei bis in den Bereich der Heiratsregeln hinein, die darauf ausgelegt sind, die Bevölkerungszahl konstant zu halten, statt sie (wie es der Gründungsmythos der auf Veränderung zielenden alttestamentarischen Kultur fordert) wachsen zu lassen und zu mehren. Weil »ihr inneres Milieu sich dem Nullpunkt der historischen Temperatur nähert«, schlägt Lévi-Strauss hierfür den Begriff »kalte Gesellschaften« vor (SA II, 40). Ihr Gegenpol, die auf Fortschritt angelegten »warmen Gesellschaften«, versuchen hingegen gerade, dem Wandel Dauer zu verleihen.

Natürlich sind beide Ausdrücke Hilfsbegriffe und ist die Unterscheidung vor allem theoretischer Art. Keiner der beiden Gesellschaftstypen existiert irgendwo auf der Welt in Reinkultur. Kalte Gesellschaften können sich dem Wandel so wenig entziehen wie warme Gesellschaften Phasen der Stabilität. Immer also haben wir es mit Mischformen zu tun. Doch bleibt die Tatsache, dass die beiden Modelle zumindest tendenziell für zwei unterschiedliche Arten von Geschichtlichkeit stehen: »eine progressive, sich anreichernde Geschichte, die ihre Funde und Erfindungen akkumuliert und damit große Zivilisationen errichtet, und eine vielleicht ebenso aktive, ebenso viele Talente weckende Geschichte, der es jedoch an synthetischer Begabung fehlt« (SA II, 377). Der kumulativen Geschichte des Westens und einer überschaubaren Zahl nichtwestlicher Gesellschaften setzt Lévi-Strauss also die »stationäre« Geschichte der Mehrheit der kalten Gesellschaften entgegen, eine Geschichte, die vergleichsweise wenig Wandel aufweist, in der aber doch während vieler Jahrtausende die Menschen »geliebt, gehasst, gelitten, geforscht und gekämpft haben«. Auch solche Gesellschaften (»die keine Chronik ihrer Kindheit und Jugend verfasst haben«) sind daher, anders als es der Evolutionismus glauben machen wollte, »erwachsen« (SA II, 376).

Nun ist, wie gesagt, eine der Eigenheiten kalter Gesellschaften, bei einem begrenzten Repertoire natürlicher Lebewesen und Gegenstände tendenziell alles mit allem zu verbinden und auf diese Weise intelligible Beziehungen zwischen den sinnlich wahrnehmbaren Elementen zu schaffen. Die Prinzipien, auf denen diese Verbindungen beruhen, erschließen sich dem nicht in diese Gesellschaften Hineingeborenen oft nicht auf den ersten Blick. Als grundsätzliche Regel lässt sich jedoch immerhin festhalten, *dass* es sie gibt. Es mag scheinen, als erlege die daran geknüpfte »Wissenschaft vom Konkreten« mit ihrer Fokussierung auf das den Sinnen Zugängliche dem Denken enge Begrenzungen auf. Dem ist jedoch keineswegs so. Denn bei aller Vorliebe für Tiere, Himmelskörper oder andere personifizierte Naturerscheinungen als Elemente des mythischen Denkens (WD 159) wird auch vom »wilden Denken« ein symbolischer Raum eröffnet, der eine schier unerschöpfliche Vielzahl von Kombinations- und Rekombinationsmöglichkeiten bietet. Man darf lediglich nicht auf den Fehler verfallen, beispielsweise ein Totemtier als lediglich biologische Entität zu verstehen. Es zeichnet sich vielmehr durch eine eigentümliche Doppelnatur aus. Als konkretes Einzelwesen ist es ein Organismus (d.h. ein System mit einer Reihe intrinsischer Eigenarten), andererseits aber ist es durch seine Zugehörigkeit zu einer bestimmten Gattung *Teil* eines übergeordneten Systems.

Wie sich diese Doppelnatur in der Praxis auswirkt, beschreibt Lévi-Strauss exemplarisch am Beispiel der Osage, einem Stamm der Sioux-Indianer aus dem Süden der Great Plains (WD 172ff.). Die Osage maßen dem Feuer und seinem Produkt, der Kohle, eine wichtige Beschützerrolle bei und konstruierten in ihren Gesängen ein idealtypisches »Kohle-Tier«, dessen auffälligstes Merkmal seine schwarze Farbe war. Die Tiere, die sich die einzelnen Clans der Osage (insgesamt gab es dreizehn Clans, die sich auf zwei Hälften verteilten, denen zugleich rechts und links, Süden und Norden, Sommer und Winter zugeordnet waren) zum Totem erwählten, waren nun ebenfalls durch den Aspekt der Schwärze charakterisiert, der auch in den rituellen Texten besonders hervorgehoben wurde. So sangen etwa die Mitglieder des Puma-Clans:

»Betrachte die Unterseite meiner Pfoten, die schwarz sind,
Ich habe meine Kohle aus der Unterseite meiner Pfoten gemacht,
Wenn die ganz Kleinen [die Menschen] auch ihre Kohle aus der Haut meiner Pfoten machen,
Werden sie immer Kohle haben, die leicht ihre Haut durchdringt, während sie der Straße des Lebens folgen.
Betrachte meine Nasenspitze, die schwarz ist, usw.
Betrachte die Spitze meiner Ohren, die schwarz ist, usw.
Betrachte mein Schwanzende, das schwarz ist, usw.«

Für die anderen Totemtiere (Bär, Königsadler, Hirsch, Schwan, Biber etc.) gab es ähnliche Gesänge – abhängig natürlich davon, welche Körperteile des Totems die Bedingung erfüllen, schwarz zu sein. Die auf diese Weise getroffenen Unterscheidungen lassen sich zunächst in ein einfaches zweidimensionales Schema integrieren:

Kohle-Tier					
		schwarze Pfoten	schwarzes Maul	schwarzer Schwanz	usw.
	Puma				
	Bär				
Natürliche Arten	Adler				
	Hirsch				
	Schwan				
	usw.				

Die Tabelle erinnert nicht zufällig an Saussures Modell von Sprache als einer Kombination zweier unterschiedlicher Typen von Verschiedenheiten: syntagmatischen und paradigmatischen Beziehungen.[86] Die Pfoten eines bestimmten Tieres stehen in syntagmatischer Relation zu den anderen Körperteilen desselben Tieres, in paradigmatischer zu den Pfoten der übrigen Arten. Jedes Totemtier hat dabei durch eine mehr oder weniger große Zahl schwarzer Körperteile teil an dem zur Gänze schwarzen Kohle-Tier, das zugleich auf intelligible (den Sinnen mithin nicht zugängliche) Weise die Gesamtheit des Stammes symbolisiert. Obwohl sich also die einzelnen Clans in vielfältiger Weise voneinander abgrenzen, stehen ihre jeweiligen Totems doch in einer besonderen Beziehung zueinander, da jedes von ihnen lediglich Teilaspekte (Schwanz, Maul, Pfote etc.) des Kohle-Tiers repräsentieren kann. Bei aller Verschiedenheit, die die Achse der natürlichen Arten charakterisiert, werden auf diese Weise doch über den Bezug auf das imaginäre Kohle-Tier auch die klassifikatorischen Gemeinsamkeiten hervorgehoben. Dass etwa der Puma eine schwarze Schwanzspitze hat, lenkt die Aufmerksamkeit zugleich auf das Faktum, dass andere Tiere ebenfalls eine Schwanzspitze haben – sei diese nun schwarz oder nicht. Durch die rituelle Anrufung des schwarzen Körperteils wird also eine abstrakte Kategorie eingeführt, die auf andere Elemente der natürlichen Umwelt übertragen werden kann. Bedeutungsdifferenzierend wirkt dabei nicht allein die Farbe, sondern bereits die grundsätzliche Frage nach dem Vorhandensein oder Nichtvorhandensein des entsprechenden Körperteils. Die schwarze Schwanzspitze des Pumas lenkt die Aufmerksamkeit des Betrachters folglich auch auf die Tatsache, dass er (im Gegensatz beispielsweise zum Schwan) überhaupt einen Schwanz hat. Dessen Abwesenheit beim Schwan hingegen wird spätestens im Bezug auf das Kohle-Tier augenscheinlich. Die Denkbewegung oszilliert also in einem beständigen Prozess der Detotalisierung und Retotalisierung zwischen dem konkreten Einzeltier und der intelligiblen, synthetischen Schimäre des Kohle-Tiers und schafft so auf der Basis wahrnehmbarer Einzelteile eine Struktur, die diese Wahrnehmungsfragmente in einen größeren Zusammenhang einbettet (WD 173). Analyse und Synthese bedingen sich dabei (wie in der Sprache) gegenseitig. Die Wahrnehmung der Einzelteile erfolgt durch Rückgriff auf die synthetische Ganzheit, und diese wiederum erwächst aus der Kombination der Einzelteile.

Dieses zweidimensionale Schema erweitert Lévi-Strauss dann noch einmal zu einer dreidimensionalen Struktur. Dass sich Adler von Bären unterscheiden und Pumas von Schwänen, ist ja unmittelbar einsichtig; dass die Unterseite der Pfoten verschieden ist von der Spitze der Ohren oder dem Schwanzende, ebenfalls. Darüber hinaus unterscheiden sich aber natürlich auch die Tiere einer Art von anderen Exemplaren derselben Art. Wenn also die Osage beispielsweise den Adler anrufen, dann beziehen sie sich dabei nicht auf einen idealtypischen »Adler«, sondern je nach Situation auf ein ganz bestimmtes Exemplar einer bestimmten Gattung. Das mag ein Steinadler sein, ein Fischadler oder ein gefleckter Adler etc.; er mag rot oder weiß oder gefleckt sein und sich in unterschiedlichen Stadien seiner biologischen Reife befinden: jung, ausgewachsen oder alt (WD 174). Das »begriffliche Werkzeug«, das auf diese Weise entsteht, hat Lévi-Strauss unter anderem mit einem Kartoffel-Schneider verglichen, einem Raster aus Klingen also, das das Schneidgut in gleichmäßige (freilich keineswegs gleiche) Stücke teilt: »ein apriorisches Gitter wird auf alle empirischen Situationen angewandt, mit denen es genügend Berührungsstellen hat, damit die gewonnenen Elemente unter allen Umständen ein paar allgemeine Eigenschaften behalten. Die Zahl der Stücke ist nicht immer die gleiche, auch ihre Formen sind nicht absolut identisch, aber diejenigen, die aus der Mitte stammen, bleiben in der Mitte, und die vom Rande stammen, blieben am Rand ...« (WD 174f.)

Die Gesamtheit der Beziehungen innerhalb dieser dreidimensionalen Struktur lässt sich theoretisch in Form eines »totemistischen Operators« darstellen.[87] Wie ein solcher Operator aussehen kann, führt Lévi-Strauss anhand eines einfachen Beispiels vor. Er nimmt dafür ein totemistisches System an, das bei lediglich drei Arten (Robbe, Bär, Adler) jeweils drei Körperteile unterscheidet (Kopf, Hals, Pfoten) und zudem nur drei konkrete Exemplare jeder Gattung annimmt.

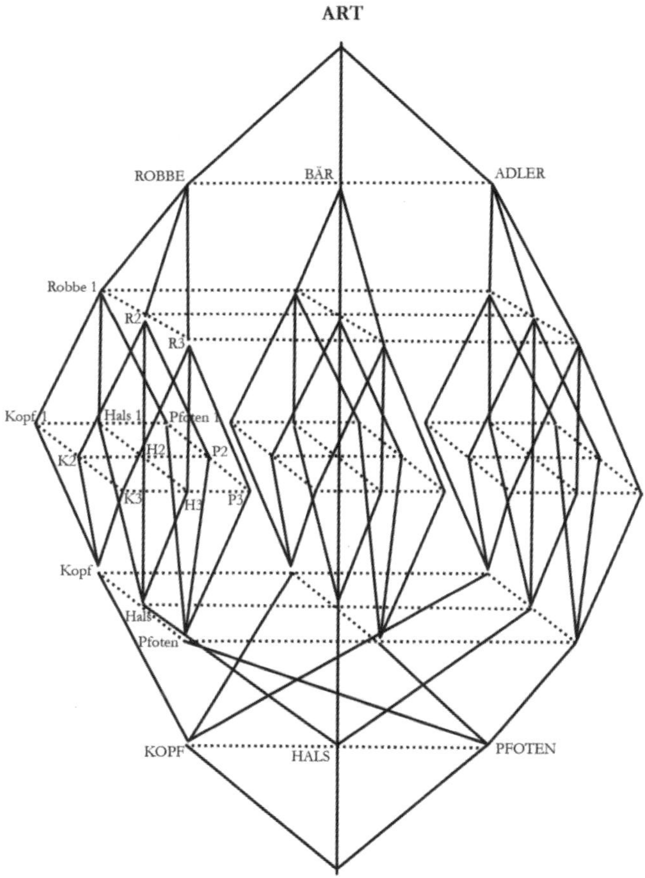

Abb. Der totemistische Operator (WD 178)

Entscheidend in dem Modell ist, dass jede Einzelposition innerhalb des totemistischen Operators in einem genau bestimmten Verhältnis zu jeder anderen Einzelposition steht. So ist »Kopf 1« (im Schaubild ganz links) zunächst dadurch bestimmt, dass er ein Teil von »Robbe 1« ist. Diese Qualität hat er gemeinsam mit »Hals 1« und »Pfoten 1«, die jedoch beide nicht teilhaben an der Eigenschaft, Kopf zu sein. Genau diese Eigenschaft (Kopf zu sein) teilt »Kopf 1« hingegen mit »K 2« und »K 3« sowie den Köpfen der übrigen Tiere, die aber wiederum alle nicht »Robbe 1« zugehören usw. Unmittelbare Beziehungen bestehen hier sowohl zwischen allen Tieren derselben Art als auch zwischen allen Körperteilen desselben Tieres als auch zwischen denselben Körperteilen unterschiedlicher Tiere der gleichen Art als auch zwischen unterschiedlichen Körperteilen unterschiedlicher Tiere der gleichen Art. Hinzu kommen noch die Beziehungen zwischen den unterschiedlichen Tierarten, den individuellen Exemplaren der einzelnen Arten und ihrer Körperteile und der Körperteile untereinander. Keine Position des totemistischen Operators ist dabei doppelt besetzt, so dass jedes Einzelelement sich sowohl durch seine Position innerhalb der Struktur bestimmt als auch diese mit generiert.

Man sieht, wie schon ein extrem kleines Modell mit lediglich drei mal drei mal drei Bestandteilen ein enorm komplexes Beziehungsgeflecht hervorbringt. Berücksichtigt man, dass die Zahl der natürlichen Arten bei einigen Millionen liegt, die Zahl der virtuell vorstellbaren Individuen unbegrenzt ist und die Zahl der unterschiedenen und nomenklatorisch erfassten Körperteile in einigen Eingeborenensprachen fast 400 beträgt, lässt sich erahnen, welchen Umfang der totemistische Operator eines realen totemistischen Systems annehmen müsste. Selbst wenn, wie es scheint, die Zahl 2000 die obere Grenze der indigenen Klassifizierungen von Flora und Fauna darstellt (WD 180), würde die

Darstellung des daraus konstruierten Beziehungsgefüges jeden Rahmen sprengen. Um eine solche Darstellung geht es aber auch gar nicht. Entscheidend ist, dass totemistische Systeme denen, die sie gebrauchen, ein begriffliches Werkzeug zur Erfassung der Welt an die Hand geben, das an Komplexität den Taxonomien der westlichen Wissenschaften nicht nachsteht.

5. Mythologie

Wie schon die Untersuchung von Verwandtschaft und indigenen Klassifikationssystemen kann auch die Analyse von Mythen auf eine lange ethnologische Tradition zurückblicken.[88] Im Gegensatz aber zur Verwandtschaftsethnologie, die Lévi-Strauss in einer Phase vorfand, in der sie sich in Detailfragen erging und darüber den Blick auf das Gemeinsame der Heiratsegeln aus dem Blick zu verlieren drohte, war die vorstrukturalistische Mythenanalyse von einem »komparatistischen Delirium« (NuF 189) erfasst. Tatsächlich sind die Ähnlichkeiten zwischen den Mythen räumlich und zeitlich weit voneinander entfernt lebender Gesellschaften frappierend. Themen und Handlungsmotive weisen so zahlreiche Gemeinsamkeiten auf, dass die Versuchung groß ist, historische Verbindungen zu konstruieren, wo in Wirklichkeit vermutlich keine bestehen. Auch Lévi-Strauss übt sich bei seiner Mythenanalyse in Komparatistik, sein Ziel geht aber über den Aufweis oberflächlicher Analogien weit hinaus und besteht gleichsam darin, dem Denken bei der Arbeit zuzuschauen. Zeigen will er dabei nicht, wie die Menschen Mythen benutzen, um zu denken, sondern »wie sich die Mythen in den Menschen und ohne deren Wissen denken« (My I: 26). Die Formulierung bedarf einer Erläuterung. Natürlich kommt der aktive Part allen Mythengebrauchs letztlich dem Menschen zu. Er ist es, der die Mythen in eine sprachliche Form bringt, und er ist es, der sie erzählt, bewahrt und gegebenenfalls modifiziert und an neue Kontexte anpasst. Er ist dabei aber möglicherweise nicht so frei, wie es vielleicht auf den ersten Blick den Anschein haben mag.

Was, beispielsweise, wenn das kategoriale System, auf dem das mythische Denken fußt, letztlich ohne denkendes Subjekt auskäme? Was, wenn die Freiheit des Individuums nichts anderes wäre als eine bequeme Illusion (My I, 25)? Da das menschliche Gehirn stets nach demselben biologischen Bauplan konstruiert ist und denselben neurophysiologischen Regeln gehorcht, folgen, so glaubt Lévi-Strauss, auch die Denkprozesse überall den gleichen strukturellen Prinzipien. Das gelte im Übrigen für alle geistigen Hervorbringungen des Menschen, und es gebe keinen Grund, weshalb ausgerechnet Mythen davon ausgenommen sein sollten. Die ungeheure Vielzahl mythologischer Texte ließe sich dann (ebenso wie in der Sprachwissenschaft die unendliche Zahl möglicher Lautäußerungen) auf eine begrenzte Zahl einfacher Typen zurückführen, die alle das Bemühen des menschlichen Geistes widerspiegeln, einem Inhalt Form zu verleihen (SA I, 224). Das mythische Denken wäre dann zunächst und vor allem ein Gegenentwurf zum erkenntnistheoretischen Subjektivismus der kartesianischen Tradition (SA II, 50). Die Tatsache, dass der Mensch denkt, könnte dabei nicht länger als Beweis für die Existenz des Subjekts herangezogen werden (*cogito, ergo sum*). Die programmatische These von *Strukturaler Anthropologie* und *Mythologica* lautet vielmehr: »Es denkt in mir – also ist das Sein.«[89]

Wenn diese Annahme korrekt ist, ergibt sich daraus eine ganze Reihe von zum Teil drastischen Konsequenzen. Wenden wir uns aber zunächst einer grundsätzlicheren Frage zu. Was ist überhaupt ein Mythos und was seine Funktion? Lévi-Strauss schließt bei seinen Überlegungen zunächst einmal an die antike Bedeutung des Begriffs als Rede, Sage oder Erzählung an. Anders als bei seinem klassischen Gegenspieler, dem auf logischen Überlegungen und Deduktionen aufbauenden *Logos*, liegt die Spezifität des Mythos zunächst einmal einfach darin, dass er eine Geschichte erzählt. Wie er das tut, ist letztlich unerheblich. Die

»Substanz« eines Mythos liegt nicht in seinem Stil oder in einer bestimmten Erzählweise begründet, sondern in dem, *was* erzählt wird (SM 231). Denn immer, so die These Lévi-Strauss', geht es darin um fundamentale Fragen des menschlichen Daseins, auf die der Mensch keine Antwort hat, um unauflösliche Widersprüche und ausweglose Dilemmata. Woher, beispielsweise, stammt der Mensch? Und woher, vor allem, bekam der erste Mensch seine Frau? Waren die ersten beiden Menschen Bruder und Schwester (und gingen folglich eine inzestuöse Beziehung ein, der alle späteren Menschen ihre Existenz verdanken) oder wurden sie unabhängig voneinander geschaffen? Wären aber in diesem Fall tatsächlich beide Ehepartner Menschen? Der Widerspruch kann mit logischen Mitteln nicht gelöst werden. Man kann ihn aber *verschieben*, indem man einen Mythos erzählt. Einen Mythos, wie etwa den biblischen Schöpfungsbericht, in dem sich das Problem der Herkunft von Heiratspartnern in schöner Regelmäßigkeit wiederholt und stets auf neue Weise gelöst (oder ignoriert) wird: Adam wird aus Lehm geformt und erhält seine Frau aus einer Rippe, die ihm entnommen wird – gewiss die extremste Form von Inzest, die man sich denken kann; Kain zieht nach dem Brudermord in die Länder ostwärts von Eden und findet dort eine Frau, die offenbar nicht vom ersten Menschenpaar abstammt; Seth, dem dritten Sohn Adams und Evas, werden im Laufe seines langen Lebens eine unbekannte Anzahl Söhne und Töchter geboren, ohne dass in diesem Zusammenhang überhaupt je von einer Frau die Rede wäre; und auch der neue Bund beginnt mit zumindest unklaren Verwandtschaftsverhältnissen. Die drei Söhne Noahs verteilen sich gemäß ihrem Auftrag zu wachsen und sich zu mehren und die Erde zu erfüllen auf die drei bekannten Kontinente und zeugen dort zahlreiche Nachkommen. Als potenzielle Gattinnen können Noahs Enkel, die Söhne Sems, Hams und Japhets, bei dieser Konstellation immerhin auf eine

Reihe von Parallelkusinen zurückgreifen (das hebt den Menschen deutlich von den Tieren ab, deren nachsintflutliche Vertreter alle von jeweils einem einzigen Paar ihrer Art abstammen). Diese leben zwar auf anderen Kontinenten, sie zu finden aber ist lediglich ein Problem der Überbrückung geografischer Distanzen.

Was der Mythos hier tut, ist also, das fundamentale Problem in vielfältigen Umformungen immer wieder neu zu erzählen. Er erschafft auf diese Weise ein Set von homologen Beziehungen, die alle um dasselbe Grundthema kreisen, dies aber in unterschiedlichem Maßstab tun. So findet in Mythen nicht selten die kosmologische Struktur des Universums ihre Spiegelung im Wechsel der Jahreszeiten, in der sozialen Organisation, der Beziehung zu anderen Gruppen oder dem Verhältnis zwischen den Ehegatten. Das Grundproblem bei all dem bleibt jedoch stets das gleiche. In seiner allgemeinsten Formulierung lautet es: Warum sind die Dinge, wie sie sind? Und warum können sie nicht anders sein? Mythen versuchen also nicht in erster Linie, die Wirklichkeit zu beschreiben oder abzubilden, ihr primäres Ziel besteht vielmehr darin, den »schlechten Zustand« der Welt zu rechtfertigen (GA 201). Dazu bedienen sie sich durchaus unterschiedlicher Strategien. Gegensätze können abgeschwächt oder Verhältnisse umgekehrt werden, immer aber wird der ursprüngliche Widerspruch dadurch relativiert, dass er analog zu anderen Widersprüchen gedacht wird. Wirklich aufgelöst wird er also keineswegs, aber er wird erträglich gemacht. Die Dinge mögen unbefriedigend sein, doch wegen der homologen Beziehungen, die sie mit anderen Erscheinungen der natürlichen Umwelt unterhalten, können sie sich nicht wandeln, ohne dass die gesamte Ordnung der Welt in sich zusammenstürzte (NuF 203). Ein Problem wird dadurch, dass man es in anderer Form wiederholt, nicht gelöst, aber es verliert an Einzigartigkeit und Dramatik, es wird »normaler«. In gewisser Hinsicht stellen Mythen also eine Variante der Theodizee dar. Sie legitimieren die Unzulänglichkeiten der irdischen Lebensumstände, indem sie dem Menschen vor Augen führen, dass er, wo nicht in der besten aller vorstellbaren Welten, so doch in der einzig möglichen lebt.

Die den Mythen zugrunde liegenden Gegensätze aufzuspüren bildet nun das Ziel der strukturalen Mythenanalyse, die sowohl in qualitativer wie in quantitativer Hinsicht zweifellos den Höhepunkt des Lévi-Strauss'schen Schaffens darstellt. Die theoretischen Grundlagen dieser Arbeit hat Lévi-Strauss bereits in den 1950er Jahren in dem Aufsatz *Die Struktur der Mythen* entwickelt. Drei Jahre später führte er dann an der *Geschichte von Asdiwal*, einem Mythos aus dem Gebiet der amerikanischen Nordwestküste, vor, wie das mythische Geschehen bestimmte Probleme im Zusammenhang mit den geografischen und kulturellen Eigenheiten eines begrenzten Gebiets aufgreift und transformiert. Die in den Jahren 1964 bis 1971 veröffentlichten vier Bände der *Mythologica* schließlich (samt ihrer Weiterführung in *Der Weg der Masken* [1975] und *Die eifersüchtige Töpferin* [1985]) geben auch noch diese geografische Beschränkung auf und untersuchen die Beziehungen zwischen über 800 süd- und nordamerikanischen Mythen, die sich thematisch alle in irgendeiner Form um den Übergang von der Natur zur Kultur gruppieren, wie er in empirischen Kategorien wie roh und gekocht, frisch und faul, feucht und verbrannt, nackt und bekleidet etc. aufscheint. Die Sekundärliteratur hat diese drei unterschiedlichen Annäherungsweisen gelegentlich als »drei Phasen« der Beschäftigung mit Mythen bezeichnet,[90] tatsächlich jedoch zeigt sich gerade hier am deutlichsten, dass das Lévi-Strauss'sche Œuvre nicht linear fortschreitet, sondern gleichsam in Form einer Spirale regelmäßig zu alten Ergebnissen und methodischen Konzepten zurückkehrt, sie aber einem frischen Blick unterzieht. Es mag die eine oder andere terminologische Variation geben, im Großen und Ganzen aber gehorcht das Werk einer zentrifugalen Struktur.[91]

Wie sieht nun die strukturale Methode, angewandt auf den Bereich der Mythologie, aus? Die gute Nachricht ist: Die Annahme, dass die verschiedenen Versionen und Überlieferungen eines Mythos lediglich Variationen über demselben grundsätzlichen Problem darstellen, denen das kollektive Unbewusste eine je bestimmte Gestalt verliehen hat, entbindet den Forscher von der Notwendigkeit, nach einer *autoritativen* Fassung des zu interpretierenden Mythos zu suchen. Es gibt kein Kriterium, das es erlauben würde, vermeintlich authentischere oder typischere oder wahrere Versionen von weniger authentischen, typischen oder wahren zu scheiden. Alter, Vollständigkeit, Komplexität – all diese Kriterien spielen für die strukturale Analyse keine Rolle. Ein Mythos, so stellt Lévi-Strauss bereits Mitte der 1950er Jahre kategorisch fest, besteht aus der »Gesamtheit seiner Varianten« (SM 239). Keine davon kann gegenüber den anderen als privilegiert angesehen werden, weder wegen eines höheren Alters, noch wegen eines womöglich größeren Detailreichtums oder besonders eingängiger Umsetzungen des grundsätzlichen Widerspruchs.

Gleichwohl muss natürlich auch die strukturale Mythenanalyse einen Ausgangspunkt bestimmen, einen »Referenzmythos«, der als Leitfaden durch die Interpretation führt. Die Wahl dieses Referenzmythos aber kann nicht anders als zufällig erfolgen. Sie mag gewissen pragmatischen Überlegungen geschuldet sein, weil man vielleicht glaubt, eine bestimmte Opposition in der gewählten Fassung deutlicher aufzeigen zu können als in anderen, letztlich aber stellt der einzelne Mythos nichts weiter dar als eine mehr oder weniger fortgeschrittene Transformation aller anderen Variationen über dem gleichen Thema (My I, 12). Seinen spezifischen Sinn erfährt er entsprechend auch nicht aus der Beziehung seiner einzelnen Elemente zur wirklichen Welt, sondern aus der Stellung dieser Elemente innerhalb einer Gruppe von Erzählungen, die sich mit demselben Problem beschäftigen. Daraus folgt unmittelbar, dass ein Mythos niemals abgeschlossen sein kann. Solange die Bevölkerung, die ihn bewahrt und erzählt, nicht physisch oder moralisch erlischt, kommen zwangsläufig beständig neue Varianten hinzu. Die Situation des Mythenforschers ähnelt auf diese Weise der des Sprachwissenschaftlers. Auch dieser verfügt nie über die Gesamtheit der Wörter der von ihm untersuchten Sprache. Das aber braucht ihn natürlich nicht davon abzuhalten, eine Grammatik dieser Sprache zu entwerfen und ihre grundlegenden lexikalischen und syntaktischen Regeln zu bestimmen. Und genau das ist in letzter Konsequenz das Ziel der *Mythologica*: Eine Syntax der Mythologie soll wenigstens skizziert werden (My I, 19-20).

Die Methode, deren sich Lévi-Strauss dabei bedient, ist die gleiche wie jene, mit der er sich ein knappes Jahrzehnt zuvor dem Ödipus-Mythos und der Geschichte von Asdiwal genähert hat. Bevor wir sie an einem Beispiel etwas näher betrachten, aber noch einige Vorüberlegungen. Mythen stellen für Lévi-Strauss zuallererst ein *sprachliches* Phänomen dar, und zwar in mehrfacher Hinsicht. Sie befinden sich, so die paradoxe These, »gleichzeitig in der Sprache und jenseits der Sprache« (SM 229). *In* der Sprache, weil sie notwendig im Medium der Sprache aktualisiert werden, zugleich aber *jenseits* davon, weil ihre konstitutiven Einheiten weder mit den Phonemen noch mit den Morphemen oder Lexemen der gewöhnlichen Sprache vergleichbar sind, sondern auf einem übergeordneten Niveau operieren. Wichtig bei einem Mythos ist (anders als beispielsweise bei einer Erzählung oder einem Gedicht) lediglich *was* gesagt wird, nicht aber, wie das geschieht. Die sinnbildenden Einheiten nun nennt Lévi-Strauss *Mytheme* (SM 231) bzw. Bestandteile eines *Codes zweiter Ordnung* (die Codes »erster Ordnung« wären die Sprachen, in denen die

Mythen erzählt werden [My I, 26]). Sie bestehen mindestens aus einem Subjekt und einem Prädikat, können aber auch deutlich größer sein. Entscheidend ist, dass sie Elemente eines *Systems* sind und als solche erst durch das Zusammenspiel mit anderen Elementen ihre jeweilige Bedeutung erhalten. Vergeblich wäre damit jeder Versuch, den Sinngehalt eines Mythems ergründen zu wollen, ohne seine besondere Stellung in einem spezifischen Kontext einzubeziehen. So wie die Lautform /klē/ völlig unterschiedliche Bedeutungen haben kann, je nachdem, ob sie in einem deutschen, einem englischen oder einem französischen Satz vorkommt (Klee, Lehm, Schlüssel), ergibt sich auch beim Mythos die Bedeutung eines einzelnen Details (etwa dem Töten des Vaters) erst aus seiner Stellung im Gesamtsystem.

Ferdinand de Saussure hat bei seinen Überlegungen zur allgemeinen Sprachwissenschaft zwei Dimensionen der Sprache unterschieden: *langue* und *parole*, das Sprachsystem, das unabhängig von den Launen und Idiosynkrasien der Sprecher die zeitlose, strukturelle Ebene des Systems darstellt, und dessen konkrete Materialisierung in einmaligen, zeitlich nicht reversiblen Lautäußerungen. Diese beiden Achsen, eine zeitlose oder *synchronische* und eine zeitabhängige, *diachronische*, sind auch für die strukturale Analyse von Mythen elementar. Lévi-Strauss spricht in diesem Zusammenhang bisweilen von der Doppelnatur des Mythos, der zugleich eine *historische* und eine *ahistorische* Struktur aufweise (SM 230). Er sei historisch (oder diachronisch), weil er sich stets auf vergangene, meist sogar bereits sehr lange zurückliegende Ereignisse beziehe, und ahistorisch, weil der Widerspruch, den er zum Thema hat, in die Gegenwart und Zukunft hinein verlängert und dort erneut aktualisiert werde. Weit wichtiger aber ist in diesem Zusammenhang, dass ein Mythos auch in anderer Hinsicht stets auf diesen beiden Ebenen operiert: Er arbeitet diachronisch, wo er die einzelnen Handlungsstränge in der vorgesehenen Reihenfolge entwickelt, und synchronisch, wo er die Handlungselemente zu Beziehungsbündeln zusammenfasst (SM 232). Das Ganze lässt sich mit einer Orchesterpartitur vergleichen, bei der die *Melodie*, die allmähliche (diachronische) Abfolge von Tönen, ergänzt wird durch die *Harmonie*, den (synchronischen) Zusammenklang der verschiedenen Instrumente.

Unglücklicherweise liegt diese Partitur jedoch nicht als Partitur vor, sondern als diachronische Reihe. Man mag sich zur Veranschaulichung einen Musikliebhaber vorstellen, dem leider jedes Verständnis für Harmonien abgeht. Nehmen wir weiter an, diese Person beschlösse, eine Orchesterpartitur abzuschreiben. Sie würde dabei womöglich verfahren wie beim Kopieren eines Textes und ohne Rücksicht auf die Struktur der Vorlage die Noten konsequent von links oben nach rechts unten lesen und notieren. Wo die Partitur, von oben nach unten gelesen, das harmonische Zusammenspiel der einzelnen Stimmen markiert, würde die Kopie lediglich eine kontinuierliche melodische Reihe zeigen. Denkt man sich die Notenwerte als Zahlen von 1 bis 8, könnte die ursprüngliche Partitur beispielsweise folgendermaßen ausgesehen haben (SM 234):

<table>
<tr><td>1</td><td>2</td><td></td><td>4</td><td></td><td></td><td>7</td><td>8</td></tr>
<tr><td></td><td>2</td><td>3</td><td>4</td><td></td><td></td><td>6</td><td>8</td></tr>
<tr><td>1</td><td></td><td></td><td>4</td><td>5</td><td></td><td>7</td><td>8</td></tr>
<tr><td>1</td><td>2</td><td></td><td></td><td>5</td><td></td><td>7</td><td></td></tr>
<tr><td></td><td></td><td>3</td><td>4</td><td>5</td><td>6</td><td></td><td>8</td></tr>
</table>

Jede der fünf Reihen steht hier für ein Instrument. Die Melodie, die sich aus dem Zusammenspiel der fünf Stimmen ergibt, ist also eine einfache Abfolge von acht Tönen. Zwei Arten der Lektüre nun können hier gleichberechtigt zur Anwendung kommen: von links nach rechts, wie die Melodie verläuft, oder von oben nach unten, dem Zusammenspiel der verschiedenen Instrumente folgend. Im ersten Fall hätten wir es mit einer diachronischen, im zweiten mit einer synchronischen Lesart zu tun. Bei der »Kopie« unseres Musikfreundes wären beide Interpretationen erheblich erschwert: 1, 2, 4, 7, 8, 2, 3, 4, 6, 8, 1, 4, 5, 7, 8, 1, 2, 5, 7, 3, 4, 5, 6, 8. Nur undeutlich schimmert unter dieser scheinbar ungeordneten Reihe die Struktur der Partitur durch. Allenfalls die Melodie lässt sich womöglich erahnen, weil bestimmte Zahlenkombinationen oder Tonfolgen sich wiederholen, andere hingegen nie vorkommen. Mit der Zeit mag man so ein wiederkehrendes Muster erkennen, das sich dann mit einer gewissen Anstrengung auch wieder in tabellarische Form bringen lässt.

Die Aufgabe der strukturalen Mythenanalyse besteht nun im Prinzip genau in einer solchen Rekonstruktion. Erschwert wird die Arbeit allerdings dadurch, dass man nicht nur nicht weiß, aus wie vielen Stimmen sich die Partitur zusammensetzt und aus wie vielen Tönen die Melodie, auch die Töne selbst müssen erst noch identifiziert werden, weil sie in vielfältiger Weise von Rauschen überlagert sind. Wie eine solche Rekonstruktion in der Praxis dennoch funktionieren kann, führt Lévi-Strauss Mitte der 1950er Jahre am Beispiel des Ödipus-Mythos vor, den er vier Generationen vor jener Heirat, die Ödipus berühmt machen sollte, beginnen und in der nachfolgenden Generation enden lässt. Hier die Kurzfassung:

Nachdem Zeus in Gestalt eines Stiers Europa, die Tochter des phoinikischen Königs Agenor, entführt hat, machen sich deren Brüder auf die Suche nach ihr. Während zwei der Brüder nach langer erfolgloser Suche zurückkehren, sucht Kadmos weiter. Zunächst noch mit Unterstützung seiner Mutter, nach deren Tod und Beerdigung alleine. Sein Weg führt ihn nach Delphi, wo ihm das Orakel rät, die Suche aufzugeben und stattdessen nach einer Kuh mit weißer Zeichnung zu suchen. Ihr solle er folgen und dort, wo sie sich niederlässt, eine Stadt gründen. Er entdeckt die Kuh, unmittelbar nachdem er die Höhle des Orakels verlässt, und folgt ihr über eine lange Wegstrecke. Als sie sich endlich niederlässt, schickt Kadmos seine Männer aus, um in einem nahe gelegenen Wald Wasser für ein Dankopfer zu schöpfen. Der Wald wird jedoch von einem Drachen des Ares bewacht, der die Männer tötet. Als seine Gefährten nicht zurückkehren, wendet sich Kadmos selbst zur Quelle und tötet den Drachen in einem blutigen Kampf unter Einsatz eines Speers, eines Felsens und eines Wurfspeers. Pallas Athene rät ihm daraufhin, die Hälfte der Drachenzähne in den Boden zu pflanzen. Aus ihnen wachsen schon bald die Spartoi (griech. *spartós*, »gesät«), kriegerische Männer, die sofort anfangen, sich gegenseitig zu bekämpfen. Nur fünf von ihnen überleben und gründen gemeinsam mit Kadmos eine Stadt, die zunächst Kadmeia genannt wird, später aber den Namen Theben erhält.

Wir überspringen nun eine Generation und gehen direkt zum Enkel des Kadmos, dem thebanischen König *Labdakos*. Für Lévi-Strauss' Interpretation des Mythos ist er vor allem wegen seines Namens interessant (Labdakos, griech. »der Hinkende«), der auch auf alle seine Nachkommen angewandt werden wird, die sogenannten Labdakiden. Labdakos' Sohn, Laios (griech. »linkisch«) verbringt seine Jugend außerhalb Thebens, wo er Chrysippos, dem Sohn seines Erziehers Pelops, das Wagenlenken beibringt, sich in ihn verliebt und ihn schließlich gewaltsam nach Theben verschleppt. Er wird dafür von Pelops mit einem Fluch belegt. Niemals solle er einen Sohn haben, und falls doch, werde er von dessen Hand sterben.

Nachdem Laios in Theben den Thron bestiegen hat, heiratet er Iokaste. Der Fluch des Pelops wiegt jedoch schwer. Um nicht etwa einen Sohn zu zeugen, vollzieht Laios die Ehe lange Zeit nicht. Dennoch kommt es im Anschluss an ein religiöses Fest schließlich im Rausch zum Verkehr zwischen den Gatten, und

Iokaste wird schwanger. Das eilig befragte Orakel in Delphi bestätigt nicht nur, dass Laios von der Hand seines Sohnes sterben wird, es sagt auch noch die Hochzeit des Sohnes mit der Mutter voraus. Laios lässt daraufhin das Kind mit durchstoßenen Fußknöcheln im Kithairongebirge aussetzen. Es wird zunächst von Hirten aufgenommen, später aber an den Königshof von Korinth gebracht, wo ihm seine Zieheltern, König Polybos und dessen kinderlose Gemahlin Periboia, den Namen Ödipus (»geschwollener Fuß«) geben.

Der Knabe wächst heran und erregt wegen seiner Stärke bald den Neid seiner Altersgenossen, die ihn als »Bastard« beschimpfen. Ödipus fragt darauf seine Zieheltern nach seiner Herkunft, erhält aber keine Antwort, und so wendet er sich an das Orakel von Delphi. Dort wird ihm beschieden, dass er, sollte er jemals in sein Vaterland zurückkehren, seinen Vater töten und seine Mutter heiraten werde. Aus Sorge um Polybos und Periboia, die er für seine leiblichen Eltern hält, kehrt Ödipus nicht nach Korinth zurück, sondern macht sich auf den Weg nach Phokis. An einer Weggabelung im Kithairongebirge trifft er auf eine kleine Reisegesellschaft in einem Wagen. Es entsteht ein Streit darüber, wer wem Platz zu machen habe, und nachdem ein Pferd des Ödipus getötet wird, erschlägt dieser kurzerhand und ohne zu wissen, um wen es sich handelt, den Fahrer und seinen Passagier – seinen leiblichen Vater Laios. Ödipus zieht weiter und gelangt schließlich nach Theben, das nach Laios' Tod von Iokastes Bruder, Kreon, regiert wird.

Theben wird zu jener Zeit von der Sphinx terrorisiert, die auf einem Felsen vor der Stadt lebt. Sie stellt allen Vorüberkommenden ein Rätsel (Was geht am Morgen auf vier Füßen, am Mittag auf zwei und am Abend auf drei?) und erwürgt und verschlingt sie, wenn sie es nicht lösen können. Kreon verspricht demjenigen, dem es gelinge, die Stadt von dieser Plage zu erlösen, den

Thron und die Hand seiner Schwester Iokaste. Ödipus nun gelingt es, das Rätsel zu lösen. Seine Antwort lautet: der Mensch. Er krabbelt als Kind auf allen Vieren, geht als Erwachsener auf zwei Beinen und stützt sich im Alter auf einen Stock. Die Sphinx stürzt sich daraufhin von ihrem Felsen in den Tod, und die Stadt ist befreit. Ödipus aber wird zum Lohn zum König von Theben ernannt und erhält Iokaste zur Frau. Gemeinsam mit ihr wird er in den nächsten Jahren die Stadt regieren und in dieser Zeit vier Kinder zeugen. Die Söhne Eteokles und Polyneikes und die Töchter Antigone und Ismene. Nach vielen glücklichen Jahren wird die Stadt jedoch von der Pest heimgesucht, und das Orakel von Delphi verkündet, um die Seuche zum Verschwinden zu bringen, müsse der Mörder des Laios gefunden und bestraft werden. Der blinde Seher Teiresias enthüllt Ödipus widerwillig die Umstände von Laios' Tod an einer Weggabelung im Gebirge. Ödipus stellt weitere Nachforschungen an und erkennt schließlich, dass er selbst es ist, der Laios erschlagen und überdies seine Mutter geheiratet hat. Entsetzt über die begangenen Frevel erhängt sich Iokaste mit ihrem Schleier, Ödipus sticht sich mit einer Nadel aus Iokastes Gewand die Augen aus und verlässt die Stadt als blinder Bettler.

Den Thron von Theben sollen nach Ödipus' Weggang abwechselnd seine Söhne Eteokles und Polyneikes besetzen. Eteokles tritt als Erster die Herrschaft an, weigert sich aber nach Ablauf seiner ersten Amtsperiode, die Macht an seinen Bruder abzugeben. Stattdessen verbannt er ihn. Polyneikes geht nach Argos und sammelt dort ein Heer, mit dem er gegen Theben zieht. Nach langem Kampf töten sich die beiden Brüder gegenseitig, und ihr Onkel Kreon übernimmt erneut die Regierung. Er verbietet die Bestattung des Polyneikes, weil dieser sein Vaterland verraten habe, als er eine Armee in den Kampf gegen Theben führte. Antigone, die Schwester von Polyneikes und Eteokles, setzt sich jedoch über das Verbot hinweg und führt wenigstens symbolisch die Begräbnisriten für ihren Bruder durch, indem sie etwas Erde auf seinen Leichnam streut. Sie wird dabei beobachtet und, ungeachtet Ihrer Verlobung mit Kreons Sohn Haimon, von Kreon dazu verurteilt, lebendig begraben zu werden. Bevor das Urteil vollstreckt werden kann, begeht sie jedoch Selbstmord.

Soweit der Mythos, wie Lévi-Strauss ihn für die Demonstration seiner Methode benötigt. Dass es zahlreiche Fassungen gibt, die in Detailfragen zum Teil ganz erheblich von dieser Version abweichen, spielt, wie oben ausgeführt, keine Rolle. Der erste analytische Schritt besteht nun darin, die bedeutungstragenden Elemente der Geschichte, die *Mytheme*, zu identifizieren. Insgesamt elf davon organisiert Lévi-Strauss dann in einer vierspaltigen Tabelle (SM 235):

Kadmos sucht seine von Zeus entführte Schwester Europa			
		Kadmos tötet den Drachen	
	Die Spartoi rotten sich gegenseitig aus		
			Labdakos (Vater von Laios) = »hinkend« (?)
	Ödipus erschlägt seinen Vater Laios		Laios (Vater von Ödipus) = »linkisch« (?)
		Ödipus bringt die Sphinx um	
			Ödipus = »geschwollener Fuß« (?)
Ödipus heiratet Iokaste, seine Mutter			
	Eteokles tötet seinen Bruder Polyneikes		
Antigone beerdigt Polyneikes, ihren Bruder, und übertritt das Verbot			

Die Einteilung der Mytheme in Spalten ist natürlich unerheblich, wenn der Mythos erzählt wird. In dem Fall können sie einfach in der üblichen Art der Lektüre von links nach rechts und von oben nach unten gelesen werden. Diese Reihenfolge ist keineswegs zwingend, aber sie ist recht praktisch, weil sie im Großen und Ganzen der Chronologie der Ereignisse folgt und so keine Zeitsprünge und nachträglichen Erklärungen nötig werden. Geht es hingegen darum, den Mythos zu *verstehen*, verliert diese diachronische Ordnung an Bedeutung. Die Lektüre erfolgt stattdessen spaltenweise von links nach rechts. Die Einträge, die dabei in den Spalten untereinander stehen, bilden jeweils das, was Lévi-Strauss ein »*Beziehungsbündel* «nennt. Sie können nahe beieinander gruppiert sein oder in größerem Abstand. Für das Verständnis des Mythos spielt das keine Rolle, weil die Spalten jeweils als Ganzes betrachtet werden. Die zeitliche Markierung, die beim Erzählen des Mythos durch die Bewegung von oben nach unten erfolgt, verliert also ihren funktionellen Wert.

Die entscheidende Grundlage der vorliegenden Einteilung ist nun, dass alle Elemente innerhalb derselben Spalte ein gemeinsames Merkmal aufweisen. Für die erste Spalte besteht dieser geteilte Charakterzug in einer *Überbewertung* von nahen Verwandtschaftsbeziehungen. In allen Fällen nämlich sind diese enger und intimer, als die gesellschaftlichen Konventionen es eigentlich opportun erscheinen lassen. Besonders augenscheinlich ist dies natürlich im Fall von Ödipus und Iokaste, in abgeschwächter Form aber gilt es auch für Antigone, die sich ihrem verstorbenen Bruder zuliebe über das von Kreon ausgesprochene Bestattungsverbot hinwegsetzt, und für Kadmos, der seine Heimat für immer verlässt, um seine Schwester zu suchen. Die zweite Spalte steht unter genau entgegengesetzten Vorzeichen. Ob die Spartoi oder Eteokles und Polyneikes sich gegenseitig erschlagen oder Ödipus seinen Vater, stets sind die betroffenen Verwandtschaftsbeziehungen *unterbewertet* oder *entwertet.*

Etwas erklärungsbedürftiger sind die nächsten beiden Spalten. In Spalte drei werden Ungeheuer getötet, der Drache durch Kadmos und die Sphinx durch Ödipus, der ihr Rätsel löst und sie so in den Selbstmord treibt. Das ist natürlich bereits eine Gemeinsamkeit, um aber den Bezug dieser Handlungen zu den drei Namen der letzten Spalte zu begreifen, ist es nötig zu wissen, dass die Griechen annahmen, der Mensch sei ursprünglich wie eine Pflanze aus der Erde hervorgegangen. Diese *chthonische* Abstammung teilt er mit den beiden Monstren des Mythos – mit dem Drachen als dem chthonischen Unwesen *par excellence*, dessen Vernichtung die Voraussetzung dafür darstellt, dass die Spartoi aus der Erde hervorgehen können, und mit der Sphinx. Diese wird von einigen Interpreten gleichfalls für chthonischen Ursprungs gehalten, wichtiger für Lévi-Strauss' Interpretation des Mythos ist aber, dass die Sphinx ihren Opfern die Existenzmöglichkeit zu entziehen versucht, indem sie ihnen ein sich auf ihre ureigene Natur beziehendes Rätsel aufgibt. Darin nun, dass Kadmos und Ödipus Wesen töten, mit denen sie zwar ein gemeinsamer (chthonischer) Ursprung verbindet, mit denen sie aber zugleich in offensichtlicher Konkurrenz um den Lebensraum stehen, meint Lévi-Strauss eine »*Verneinung der Autochthonie des Menschen*« zu erkennen (SM 236). Hingegen sieht er in den Namen in Spalte vier gerade im Gegenteil eine Affirmation der Autochthonie. Um das zu begründen, muss freilich ein weiter Umweg in Kauf genommen werden. So seien in der Mythologie häufig die der Erde entsprungenen Männer so dargestellt, als seien sie noch unfähig zu gehen oder könnten dies doch nur mit großen Schwierigkeiten und auf linkische Art. Beispiele für entsprechende Darstellungen fänden sich etwa bei den Pueblo-Indianern oder bei den Kwakiutl an der amerikanischen Nordwestküste. Die Namen der *Dramatis Personae* in Spalte vier nun beziehen sich, liest man sie nicht als Eigennamen, sondern spürt ihrer Etymologie nach, alle auf die »*Schwierigkeit, aufrecht zu gehen*« (SM 236). Letztlich also stehen die Mytheme der dritten und vierten Spalte in einer ähnlichen Beziehung zueinander wie die der ersten zu denen der zweiten. Die Verneinung der Autochthonie, mit anderen Worten, verhält sich zu ihrer Affirmation wie die Überbewertung von Verwandtschaftsbeziehungen zu ihrer Unterbewertung.

Die Möglichkeit dieser Parallelführung zweier Gegensatzpaare ist dabei für Lévi-Strauss keinesfalls zufällig. Vielmehr erweise sich gerade in ihr die wahre Bedeutung des Mythos. Diese nämlich liege in der Verhandlung eines scheinbar unauflöslichen Widerspruchs: in diesem Fall der »offiziellen« griechischen Auffassung von der (*kulturell* bestimmten) autochthonen Herkunft des Menschen und dem empirischen Wissen um die biologischen (oder *natürlichen*) Tatsachen, die den Menschen aus der Vereinigung eines Mannes mit einer Frau hervorgehen lassen. Es ist unmöglich, diese beiden widerstreitenden Vorstellungen einer befriedigenden Synthese zuzuführen. Betrachtet man aber den in ihnen manifesten Gegensatz Natur/Kultur als Ganzes, lassen sich durchaus andere Beziehungspaare finden, die ganz ähnlich aufgebaut sind. Die empirische Erfahrung von Zeugung und Geburt mag so zwar die Theorie vom autochthonen Ursprung des Menschen in Frage stellen, aber das im Mythos geschilderte soziale Leben (mit all seinen Über- und Unterbewertungen von Verwandtschaftsbeziehungen) nimmt dem Widerspruch die Spitze, indem es die Gültigkeit der *kontradiktorischen Struktur* bestätigt (SM 238).

Die strukturale Mythenanalyse bleibt an dieser Stelle freilich nicht stehen. Es war schon die Rede davon, dass ein Mythos für Lévi-Strauss niemals nur der konkrete Einzeltext ist, sondern stets aus der Gesamtheit seiner Varianten besteht (SM 239). Entsprechend kann es natürlich auch die Untersuchung nicht bei der Betrachtung einer einzelnen Version belassen, sondern muss in verschiedene Richtungen erweitert werden. Die bislang entwickelte zweidimensionale Tabelle ist also um eine dritte Dimension zu ergänzen, indem man die unterschiedlichen Versionen quasi hintereinanderstellt. Das gestaltet sich nicht immer ganz einfach, denn in den fraglichen Varianten können nicht nur gänzlich unterschiedliche Gewichtungen von Personal und Handlungen vorgenommen werden, mitunter wird das gesamte Chronotop aufgebrochen. Der strukturelle Zusammenhalt von Mythen verdankt sich mithin weder den in ihnen handelnden Akteuren oder dem, was ihnen im Einzelfall widerfährt, noch einer Einheit von Ort und Zeit.

So gibt es neben der oben wiedergegebenen Version des Ödipus-Mythos die erheblich kürzeren homerischen Fassungen. In einer davon fällt Ödipus als Herrscher von Theben im Kampf und wird mit allen Ehren bestattet, ohne dass die Beziehung zu seiner Mutter überhaupt Erwähnung fände (Ilias XXIII, 679), in der anderen wird die »schrecklichste Tat« allein Epikaste (Iokaste) angelastet, nach deren Tod Ödipus zwar »mit Kummer behäuft« weiter herrscht, sich aber immerhin weder blendet noch ins Exil geht (Odyssee XI, 271-280). Letzteres berichtet hingegen Apollodor, dessen Ödipus seine Söhne verflucht und gemeinsam mit Antigone die Stadt verlässt, um schließlich im heiligen Hain von Kolonos Asyl zu finden; mit der gleichen Antigone übrigens, die der Tragödiendichter Sophokles mal tragisch ums Leben kommen lässt (*Antigone*), mal mit ihrem Vater ins Exil schickt (*Ödipus auf Kolonos*). In den verlorenen *Phoinissen* des Euripides wiederum erleben Ödipus und Iokaste den Streit ihrer Söhne um die Thronnachfolge noch mit, Senecas Ödipus begegnet uns als machtbesessener Gewaltherrscher, der mit allen Mitteln an der Regierung zu bleiben versucht (*Oidipus Tyrannos*), Voltaire reichert das Drama mit aktuellen Zeitbezügen an (*Oedipe*,

1718), Hugo von Hofmannsthal verzichtet darauf, die Ereignisse nach der Übernahme der Macht in Theben zu schildern (*Ödipus und die Sphinx*, 1906), André Gide zeichnet Ödipus als unerschütterlichen Wahrheitssucher (*Oedipe*, 1932), und Sigmund Freud sieht im Schicksal des unglücklichen Herrschers von Theben die literarische Umsetzung der nachgerade universalen Kindheitsfantasie von der Ermordung des Vaters und der Heirat mit der Mutter.[92] Nicht einmal Loriots Kinofilm *Ödipussi* (1989) kann für eine strukturale Analyse des Mythos ganz ignoriert werden und muss – wenngleich sicher in einer eher randständigen Position – in die Reihe der Versionen aufgenommen werden, die man für die Interpretation berücksichtigen sollte.

Ebenfalls zu berücksichtigen sind weiterhin all jene Erzählungen, die zwar ähnliche Motive verarbeiten, diese aber mit anderem Personal umsetzen.[93] Und schließlich sollen auch noch all jene Varianten miteinbezogen werden, in denen die Bezugnahme nicht im einfachen Wiederaufgreifen und Reproduzieren eines Motivs besteht, sondern in dessen Umkehrung oder Transformation. In einer mehr oder weniger engen strukturellen Beziehung zum Ödipus-Mythos stünden also zusätzlich noch alle Fälle, in denen etwa die Geliebte den Vater tötet und den Sohn zur Rache herausfordert (wie im Falle Agamemnons), in denen Vater und Sohn miteinander verschmelzen und die Freier der Mutter töten (Odysseus) oder unschuldig als Liebhaber beschuldigte Söhne getötet werden (Hyppolytos).[94]

Um nun zu der von Lévi-Strauss vorgeschlagenen dreidimensionalen Struktur zu gelangen, müssen jetzt die einzelnen Tabellen hintereinander angeordnet werden, und zwar so, dass gleiche strukturelle Elemente hintereinander zu stehen kommen. Die Tabellen mögen dabei zwar nie ganz identisch sein, die Erfahrung, so Lévi-Strauss, zeige jedoch, dass man die berücksichtigten Korrelationen nur hinreichend vereinfachen muss, um sie vergleichbar zu machen. Das auf diese Weise erzeugte dreidimensionale Gebilde kann nun auf dreierlei Art gelesen werden: von links nach rechts (als syntagmatische Kette), so also, wie die einzelnen Versionen des Mythos erzählt werden, von oben nach unten (als paradigmatische Reihe), wie sich die Zusammenfassung der Mytheme zu Beziehungsbündeln präsentiert, und von vorn nach hinten bzw. von hinten nach vorn (als intertextuelles und intermythisches Verweissystem).

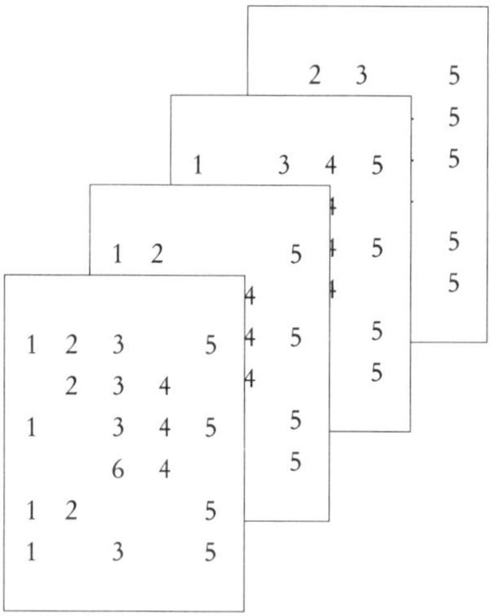

Strukturelle Beziehungen bestehen also zwischen den einzelnen Elementen der horizontalen Reihen, zwischen den untereinander stehenden Elementen derselben »Karte« und schließlich zwischen den Elementen unterschiedlicher Karten. Das Problem mit dieser Art der vergleichenden Mythenanalyse ist offensichtlich. Wo soll man beginnen, und wo vor allem soll man (oder kann man) aufhören? Die Frage stellt sich umso drängender, als ja der Ödipus-Mythos in zwar vielen, aber eben doch einer überschaubaren Zahl von Varianten vorliegt, denen zudem die schriftliche Fixierung eine gewisse Stabilität verleiht. Wie aber verhält es sich mit mündlich tradierten Mythen, die nicht nur von Ethnie zu Ethnie variieren, sondern auch von Dorf zu Dorf, von Erzähler zu Erzähler, von jetzt zu gleich?

Lévi-Strauss' Antwort auf diese Frage mag auf den ersten Blick nicht besonders befriedigend erscheinen, sie ist jedoch durchaus logisch konsistent. Zu den Prämissen seines Mythenmodells gehört ja, dass der Mythos zwar die Sprache als Medium nutzt, sich aber zugleich *jenseits* von ihr befindet. Rein sprachliche Variationen werden damit für die strukturale Mythenanalyse unerheblich. Ob die Geschichte von Ödipus in Prosa oder in gereimter Form vorgetragen wird, spielt also keine Rolle. Und auch ob der Drache, den Kadmos tötet, Feuer spuckt oder Gift, ob er riesig ist oder klein, ob seine Haut rot schimmert oder grün und ob Kadmos ihn mit einem Stein erschlägt oder mit einem Schwert, ist unerheblich. Wichtig für die Analyse sind allein die *Mytheme*, nicht die Begriffe, in denen sie ausgedrückt werden, und auch nicht die Details, die ihnen zu größerer Plastizität verhelfen (das heißt freilich nicht, dass die Tatsache, dass jemand »mit einem Stein erschlagen« wird, nicht ihrerseits den Rang eines Mythems annehmen kann). Der Wert der Formulierung *traduttore traditore* aber, schreibt Lévi-Strauss einmal, strebt im Mythos praktisch gegen Null (SM 230). Wenn man sich diese Sicht zu eigen macht, reduziert sich das Problem der Variabilität bereits erheblich – ganz einfach, weil es weit weniger Varianten gibt, als es vielleicht zunächst den Anschein haben mag.

Es gibt aber ein anderes Problem, das am Beispiel von Lévi-Strauss' Behandlung der Ödipusgeschichte deutlich wird: Auch das aus dem Übereinanderlegen von Tabellen hervorgegangene dreidimensionale System kann natürlich keineswegs das Ende der interpretatorischen Arbeit bedeuten. Denn durch die vielfältigen Vernetzungen von Motiven, Akteuren, Orten und Handlungen, die jeweils ins Zentrum einer neuen Analyse rücken können, muss natürlich auch die dreidimensionale Struktur selbst wiederum in vielfältiger Weise erweitert werden. Letztlich bekommt man es somit mit polydimensionalen Komplexen zu tun, die sich allenfalls noch mathematisch fassen lassen. Tatsächlich appelliert Lévi-Strauss für die Mythenanalyse der Zukunft an einen »Symbolismus mit mathematischer Inspiration«, der die Begrenzung der zwei- oder dreidimensionalen Modelle überwindet (SM 241).

Weit davon entfernt also, eine endgültige Interpretation der Ödipusfabel vorzustellen, dienen die entsprechenden Ausführungen in *Die Struktur der Mythen* vor allem der Illustration einer Technik. Lévi-Strauss selbst distanziert sich deutlich von der Idee, auch nur eine »wahrscheinliche Art und Weise« der Interpretation des Mythos vorgelegt zu haben und »eine für den Fachmann annehmbare Erklärung von ihm zu bieten«, und betont gleich mehrfach, dass er diesen speziellen Mythos nur gewählt habe, weil »jeder ihn kennt, so dass man ihn nicht zu erzählen braucht« (SM 234). Er geht sogar noch weiter. Gerade die Ödipusgeschichte, so fährt er fort, sei mit gleich zwei Handicaps belastet. Denn nicht nur sind zahlreiche Versionen der Geschichte nur in fragmentarischer Form auf uns gekommen (was natürlich die Identifizierung der relevanten Mytheme ganz erheblich erschwert), daneben gibt es auch noch eine Vielzahl von literarischen (und filmischen) Umsetzungen und Überformungen, die »mehr von einem ästhetischen oder moralischen Interesse inspiriert worden sind als von der religiösen Tradition oder dem rituellen Brauch, falls eine solche Beschäftigung mit ihm überhaupt je existiert hat«. Angesichts dieser speziellen Überlieferungslage sei daher vermutlich gerade dieser Mythos denkbar schlecht geeignet, um einer strukturalen Analyse unterzogen zu werden. Darum, eine solche Analyse zu leisten, aber geht es eben in dem Aufsatz zur *Struktur der Mythen* auch gar nicht. Der »Beweis«, wenn man überhaupt von einem solchen sprechen will, »soll also nicht in dem Sinne verstanden werden, den der Gelehrte ihm gibt, sondern höchstens im Sinne des Marktschreiers: nicht ein Ergebnis zu erzielen, sondern so rasch wie möglich das Funktionieren der kleinen Maschine zu erklären, die er den Dummköpfen zu verhökern versucht«[95].

Man kann wohl geteilter Meinung darüber sein, ob es tatsächlich legitim ist, den Mythos derart rigide von seinem Medium abzuspalten. Für Lévi-Strauss weitere Arbeit (insbesondere in den *Mythologica*) ist diese Trennung jedoch elementar. Und das nicht allein wegen der enormen Anzahl der darin untersuchten Mythen, sondern auch wegen des riesigen geografischen Gebietes und den zahlreichen Sprachen, denen sie entstammen. Strukturale Mythenanalyse, so viel lässt sich zweifelsfrei sagen, ist keine Philologie.

Es war schon die Rede davon, dass die Lévi-Strauss'sche Arbeit am Mythos ihren Höhepunkt in den vier Bänden der *Mythologica* findet. Wie bereits im *Wilden Denken* geht es dabei nicht zuletzt um eine Rehabilitierung des »nicht-wissenschaftlichen« Denkens bzw. der »Wissenschaft vom Konkreten«. Der französische Titel bringt das etwas besser zum Ausdruck als die deutsche Übersetzung: Im Neologismus *Mythologiques* (eigentlich also »Mytho-logiken«) vereint Lévi-Strauss bewusst die in der westlichen Tradition als gegensätzlich gedachten Begriffe Mythos und Logik. Ziel seiner Arbeit ist dabei nichts Geringeres, als die Existenz einer »Logik der sinnlichen Qualitäten« nachzuweisen (My I, 11). Insgesamt 813 nord- und südamerikanische Mythen integriert Lévi-Strauss zu diesem Zweck in ein einziges mythologisches System, dessen Bestandteile alle auf die eine oder andere

Weise miteinander verwoben sind. Der im Rahmen einer Einführung zur Verfügung stehende Platz verbietet eine gründliche Darstellung der Ergebnisse dieser gewaltigen Anstrengung. An dieser Stelle kann daher tatsächlich nur die Empfehlung ausgesprochen werden, sich selbst auf das Abenteuer der Lektüre einzulassen. Wenigstens ein kurzer Leitfaden durch das mythologische Labyrinth mit seiner Unzahl von Abzweigungen und Kreuzungen sei jedoch hier angedeutet.

Ausgangspunkt der intellektuellen Wanderung der *Mythologica* ist der Gegensatz zwischen roher und gekochter Nahrung bzw. die Entdeckung des Kochens als einer augenfälligen Markierung des Übergangs von Natur zu Kultur (*Das Rohe und das Gekochte*). Von hier aus führt der Weg zunächst zum Gegensatz zweier Konsumgüter: Honig und Tabak. Der von Bienen hergestellte Honig steht dabei für den Bereich der Natur, der Tabak (der eine differenzierte Konsumtechnik erfordert und nur unter Zuhilfenahme des künstlich erzeugten Feuers genießbar ist) den der Kultur. Weniger als um sinnliche *Eigenschaften* (roh/gekocht, trocken/feucht, frisch/verfault etc.) steht in *Vom Honig zur Asche* eine Logik der *Formen* im Zentrum (voll/leer, Inhalt/Behälter, innen/außen etc.). Geografisch bleiben beide Bände konsequent in Südamerika, wenngleich das Gebiet, aus dem die Mythen stammen, allmählich erweitert wird. Erste Parallelen zwischen den Mythen des südlichen und des nördlichen Teils des Doppelkontinents finden sich jedoch erst im dritten Teil des Werks, *Vom Ursprung der Tischsitten*, der etwa zu gleichen Teilen Erzählungen aus Süd- und Nordamerika behandelt. Inhaltlich zentral sind hier Mythen, die in irgendeiner Weise die unterschiedlichen Beziehungen thematisieren, die zwischen den sinnlich wahrnehmbaren oder formalen Termen der ersten beiden Bände hergestellt werden können. Gälte es, das leitende Oppositionspaar dieses Teilbandes zu benennen, wäre dies wohl der Gegensatz zwischen nah und fern. Ein Gegensatz, der durch die zahlreich angeführten Fahrten im Einbaum nicht aufgelöst, sondern nur umgekehrt werden kann. Das ehemals Nahe entfernt sich, das ehemals Ferne kommt nahe.

Der vierte und letzte Teil der *Mythologica* schließlich, *Der nackte Mensch*, ist zur Gänze in Nordamerika angesiedelt. In gewisser Hinsicht knüpft er wieder an den ersten Band an, indem erneut eine sinnlich wahrnehmbare Dichotomie in den Mittelpunkt rückt. Der nackte Mensch nämlich verhält sich zum bekleideten wie rohe Nahrung zu gekochter. Wir haben es also mit einer doppelten Bewegung zu tun: einerseits einer logischen, die vom Konkreten zum Abstrakten verläuft und wieder zum Konkreten zurückkehrt, andererseits mit einer von Süden nach Norden – also genau *entgegen* der Migrationsrichtung, die für die Besiedlung des amerikanischen Kontinents angenommen wird. Dieses Detail ist nicht ganz unerheblich, denn es belegt noch einmal, dass es Lévi-Strauss eben gerade nicht darum geht, die Ähnlichkeiten zwischen den Mythen weit voneinander entfernt lebender Gesellschaften als Folge einer diffusionistischen Streuung zu erklären:

> »Wir fragen nicht nach dem Warum dieser Ähnlichkeiten, sondern nach dem Wie. Denn das Eigentümliche der Mythen, die wir hier miteinander vergleichen, liegt nicht darin, dass sie einander ähneln; und oftmals ähneln sie einander überhaupt nicht. Unsere Analyse zielt vielmehr darauf ab, gemeinsame Eigenschaften herauszuschälen – trotz Unterschieden, die zuweilen so groß sind, dass man Mythen, die wir zur selben Gruppe zählen, als völlig verschiedene Gebilde betrachtet hat.« (My IV, 36)

Im Großen und Ganzen bleibt Lévi-Strauss dabei auch in den *Mythologica* den am Beispiel des Ödipusmythos entwickelten Prinzipien treu. Einige kleinere Modifizierungen nimmt er gleichwohl vor. So rückt der Begriff des Mythems in den Hintergrund und wird ersetzt durch den des »Codes«. Diesen wiederum definiert Lévi-Strauss einigermaßen kryptisch als »das System der Funktionen, die jeder Mythos [den in zwei oder mehr Mythen invariant bleibenden] Merkmalen zuschreibt« (My I, 259) bzw. (verständlicher) als ein System, bestehend aus einer Grammatik und einem Lexikon, mit dessen Hilfe sich Bedeutungen generieren lassen (My I, 275). Es gehört zu den charakteristischen Eigenheiten von Codes, dass sie Kontinua (also beispielsweise die natürliche Umwelt) in diskontinuierliche Segmente aufgliedern (*kulturelle* Kategorien). Sie sind dabei nicht an bestimmte Phänomene gebunden, sondern stellen lediglich die Regeln zur Verfügung, mit denen man sich der Welt der Erscheinungen nähert. Ein durchaus erwünschter Nebeneffekt der Arbeit mit Codes besteht denn auch darin, dass sie der Versuchung entgegenwirken, sich in einer Interpretation von Oberflächenphänomenen (wie etwa der totemistischen Bezugnahme auf Totemtiere oder – Pflanzen) zu verlieren, und der Analyse von vornherein einen abstrahierenden Schritt zwischenschalten.

Beispiele für Codes wären etwa der geografische, der technisch-ökonomische, der soziologische und der kosmologische, die Lévi-Strauss' Analyse der Geschichte von Asdiwal leiten (ebd.); vor allem aber jene der *Mythologica*, die an den sinnlich wahrnehmbaren Qualitäten der Dinge ansetzen. Da der Mensch fünf Sinne hat, gibt es auch fünf grundlegende Codes: den visuellen (Sehen), den auditiven (Hören), den olfaktorischen (Geruch), den gustativen (Schmecken) und den taktilen (Fühlen). Die gleichen Erscheinungen der natürlichen Umwelt können dabei, je nach den intellektuellen Bedürfnissen, die gerade befriedigt werden sollen, mithilfe der unterschiedlichen Codes dargestellt werden (SA II, 182; My I, 310). Ein bestimmtes mythologisches Thema – etwa die Ursache der Sterblichkeit des Menschen – kann also gleichsam in unterschiedliche »Sprachen« übersetzt werden, ohne dass dabei ein bestimmter Code von vornherein privilegiert wäre.

Für den amerikanischen Bereich, mit dem sich die *Mythologica* beschäftigen, hat sich eine gewisse Dominanz des Geschmackscodes herauskristallisiert. Das mag freilich durchaus mit der Wahl des Referenzmythos zusammenhängen. In diesem Mythos nämlich (er stammt von den zentralbrasilianischen Bororo) geht es – das jedenfalls behauptet Lévi-Strauss – um den Ursprung des Kochfeuers. Tatsächlich wird über diesen Ursprung in der Geschichte selbst gar nicht gesprochen, dadurch aber, dass der Mythos nicht für sich allein steht, sondern in Transformationsbeziehung zu zahlreichen anderen Mythen der Bororo und ihrer Nachbarn, ergänzt der kompetente (in diesem Fall heißt das natürlich vor allem: der indigene) Zuhörer die entsprechende Information im Geiste, auch ohne dass sie explizit benannt werden müsste (ganz ähnlich wie der europäische Leser beim Lesen von *Ödipus und die Sphinx* die inzestuöse Beziehung zwischen Ödipus und Iokaste stets mitdenkt, von der bei Hofmannsthal an keiner Stelle die Rede ist).

Es ist vielleicht die größte Leistung der *Mythologica*, eine strukturelle Ordnung in das nahezu beliebig wirkende Geflecht der amerikanischen Mythologie zu bringen. Zugleich zeigt sich jedoch an dem Weg, auf dem Lévi-Strauss dieses Ziel erreicht, das größte Problem seiner Methode. Es ist nicht auszuschließen, dass mehrere Mythen aus verschiedenen Gebieten die gleiche Botschaft transportieren, ohne dass sie diese in gleicher Klarheit ausdrückten oder sich dazu des gleichen Codes oder der gleichen Elemente bedienten. Lévi-Strauss vergleicht die Situation mit einem Telefonanruf, bei dem der Anrufer seine Botschaft immer wieder aufs Neue formuliert, um sicherzustellen, dass sie auf jeden Fall beim Empfänger ankommt. Mal lege er sie ausführlich dar, mal im Telegrammstil, manchmal spreche er deutlich, manchmal schwer verständlich, mal logisch stringent, mal wirr (My II 133). Wegen dieser Mannigfaltigkeit der Codierungsmöglichkeiten ist es nicht möglich, die Transformationsbeziehungen zwischen den verschiedenen Erscheinungsformen der jeweiligen Botschaft im Voraus festzulegen. Entsprechend vielfältig können sie ausfallen: kongruent, isomorph, äquivalent, homolog, symmetrisch oder invertiert. Sie können, mit anderen Worten, darauf basieren, dass die im konkreten Fall verglichenen Mythen die gleiche Form haben oder eine ähnliche oder gänzlich verschiedene, dass sie sich hinsichtlich ihrer Elemente ähneln oder hinsichtlich der Beziehungen zwischen ihren Elementen, die wiederum gleichartig sein können oder aber gespiegelt. So kann der Mythos von einer Frau, die von einem Jaguar verfolgt, aber durch die Schreie eines Kindes gerettet wird, seine Entsprechung finden in dem von einer Frau, die von der Sonne verlassen wird und sich wegen des Schweigens eines Kindes verirrt (Ma II 240). Ein lärmender Ruf kann sich im auditiven Code zu einem sanften Ruf verhalten wie Kulturpflanzen zu menschlichem Fleisch im gustativen oder hart zu weich im taktilen Code (My I, 203). Da die Beziehung zwischen zwei Termen oder zwei Mythen sowohl gleich- als auch verschiedenförmig sein kann, ist den Assoziationen und Konnotationen des Interpreten keine wirkliche Grenze gesetzt.

Ein gewisser surrealer Zug ist dieser Form der Mytheninterpretation kaum abzusprechen, und so überrascht es nicht wirklich, dass gerade dieser Teil des Lévi-Strauss'schen Werks häufig zum Gegenstand parodistischer Nachahmungen wurde.[96] Die Gefahr der Beliebigkeit wird durch wenig anderes gebannt als durch die Autorität Lévi-Strauss'. Diese aber ist in der Tat unstrittig. Zwar braucht es gelegentlich einen genialischen »Funken«, der überspringen muss, um in einem unerklärlichen Detail eines Mythos die Transformation eines anderen unerklärlichen Details eines anderen Mythos zu erkennen (NuF 193), die Genauigkeit, ja geradezu pedantische Detailtreue, mit der Lévi-Strauss dann aber auch noch die kleinsten erzählerischen Bruchstücke zu den zugehörigen ethnographischen Kontexten in Beziehung setzt, verlangt auch den größten Kritikern Respekt ab. Selbst Edmund Leach, der im Übrigen kaum im Verdacht steht, diesem Teil der Arbeit Lévi-Strauss' je mit allzu großer Sympathie begegnet zu sein, kann nicht anders, als seinen Lesern das Studium der *Mythologica* ans Herz zu legen. »Dieser Ausflug«, so meint er, »lohnt sich in jedem Falle, auch wenn der Reisende am Ende nicht unbedingt viel klüger ist als zu Anfang.«[97]

6. In den Traurigen Tropen

Das Korpus ethnologischer Publikationen, die von einem breiten Publikum wahrgenommen wurden, ist recht überschaubar. Noch kleiner ist die Zahl jener Texte, denen nicht nur der Sprung in die literarischen Salons gelang, sondern die sich ihren Platz in den Lexika der Weltliteratur ebenso erobern konnten wie in den Regalen der Bahnhofsbuchhandlungen. Gar auf die Opernbühne[98] hat es nur ein einziges ethnologisches Buch geschafft: Lévi-Strauss' *Traurige Tropen*. Reisebericht, Essay, Roman, Zivilisationskritik, symbolistische Erzählung,[99] intellektuelle Autobiografie, *voyage philosophique* – der Text ist so facettenreich, dass eine letztgültige Einordnung schwer, ja unmöglich ist. Selbst noch als »idealtypisches russisch-tschechisches formalistisches Gedicht« wurde das Buch bezeichnet,[100] und es lassen sich durchaus Hinweise finden, die auch diese Einschätzung stützen. Dass *Traurige Tropen* neben all dem auch ein ethnographischer Text ist, gerät über dieser Vielfalt bisweilen fast in Vergessenheit.

Der, wenn man so will, »ethnographische Kern« des Buches wird gebildet von den Kapiteln fünf bis acht, die jeweils den Namen einer der von Lévi-Strauss im Verlauf seiner Expeditionen besuchten zentralbrasilianischen Gesellschaften im Titel tragen. Weit davon entfernt, diesen Ausführungen monografischen Charakter zu geben, stellt Lévi-Strauss darin lediglich eine kleine Auswahl der besonders markanten Züge der entsprechenden Gesellschaften dar, durchsetzt mit allerlei allgemeinen Reflexion über das Reisen und die ethnographische Tätigkeit, über die Probleme der Begegnung mit dem Fremden und die Natur des Menschen.

Bei den Caduveo fällt ihm neben einer »tiefen Abscheu vor dem Zeugen von Kindern«, die einst auch vor Abtreibung und Kindsmord nicht haltmachte (170), zunächst vor allem ein gewisser aristokratischer Dünkel auf, der so gar nicht zu den ärmlichen Lebensverhältnissen passen mag, die er im Dorf vorfindet; ein tief verwurzelter Hochmut, der seinen Ursprung zweifellos in dem einstigen Wohlstand der Caduveo-Gesellschaft hat, der aber angesichts des offensichtlichen Verfalls seltsam deplatziert wirkt. Gerade diese Spannung aber (und die Hartnäckigkeit, mit der bestimmte Züge der Vergangenheit bewahrt werden), liefert Lévi-Strauss erste Hinweise auf das, was er als den »Stil« einer Gesellschaft bezeichnet. Dieser Stil durchdringt alle Lebensbereiche und findet seinen Niederschlag nicht zuletzt in den künstlerischen Ausdrucksformen, die eine Gesellschaft entwickelt. Im Fall der Caduveo also beispielsweise in den ornamentalen, an europäische Spielkarten gemahnenden grafischen Mustern, mit denen sie Töpfe und Tierhäute ebenso verzieren wie das eigene Gesicht und den Körper (170 ff.). Aus alledem spricht eine tiefe Verachtung der Natur, die den Menschen einst hervorgebracht hat und die es nun – denn das erst macht den Menschen zum Menschen – zu überwinden gilt (179).

Eine solche grafische Tradition findet sich bei den Bororo nicht. Sie aber zeichnen sich durch einen konsequenten Dualismus aus, der sich nicht nur über fast alle Ebenen des gesellschaftlichen und religiösen Lebens erstreckt, sondern selbst noch in der Anlage der Dörfer eine Spiegelung findet. Die komplizierten Regeln des »Balletts« der zwei Dorfhälften (236) sind dabei so untrennbar an die topologische Anordnung der Gebäude als einem Instrument der Mnemotechnik geknüpft, dass die Salesianer-Missionare seinerzeit lediglich die Anordnung der Häuser verändern mussten, um das traditionelle religiöse System zum Kollabieren zu bringen (212). Ebenfalls bei den Bororo sticht das beinahe strukturalistische Menschenbild ins Auge, das den Einzelnen weniger als Individuum ansieht als vielmehr als »Person«, die für die Spanne eines Menschenlebens eine bestimmte Position innerhalb des soziologischen Systems besetzt (224).

Die Nambikwara faszinieren Lévi-Strauss vor allem wegen der bei ihnen herrschenden entspannten und »erotischen Atmosphäre« (279). Die materielle Kultur dieser Jäger- und Sammlergesellschaft indes ist äußerst spärlich und das wenige, was es gibt, nur so notdürftig bearbeitet, dass es ihm beinahe schwerfällt, überhaupt von »Artefakten« zu sprechen (270). Auch feste soziale und politische Strukturen scheinen weitgehend zu fehlen. Zwar gibt es durchaus so etwas wie Häuptlinge, die Position jedoch ist wenig begehrt und äußerst fragil und ephemer. Das Gleiche gilt für die Gruppen, denen sie vorstehen. Es scheint, als befände sich die gesamte soziale Struktur in einem ständigen Fluss. Gruppen entstehen, wachsen und lösen sich wieder auf, und innerhalb weniger Monate kann sich ihre Zusammensetzung und ihre Verteilung bis zur Unkenntlichkeit verändern (269, 303). Während die Caduveo und Bororo in mehrfacher Hinsicht Gesellschaften sind, die man »gelehrt« nennen könnte, stellen sich die Nambikwara dem Beobachter als etwas dar, »das er gern – jedoch zu Unrecht – als das Kindesalter der Menschheit zu bezeichnen pflegt« (266). Zu Unrecht, denn auch die Nambikwara haben natürlich keineswegs einen »ursprünglichen« Zustand bewahrt, sondern sind im Laufe der Jahrtausende irgendwie *geworden*, wie sie sind.[101] Die sterbende Gesellschaft, die Lévi-Strauss antrifft, mag sich nahe am Nullpunkt der sozialen Organisation bewegen und so einfach sein, dass er statt sozialer Strukturen im Rohzustand »nur Menschen fand« (TT 314), nichtsdestoweniger befinden auch sie sich *in der Geschichte*.

Hier wird Lévi-Strauss auch die Erfahrung machen, dass die Anwesenheit des Forschers nicht ohne Rückwirkung auf den Gegenstand seiner Untersuchung bleibt. Wie schon bei den Caduveo hatte er Papier und Bleistifte verteilt, doch schienen die Nambikwara zunächst nichts damit anfangen zu können. Nach einigen Tagen aber kann Lévi-Strauss sie dabei beobachten, wie sie Wellenlinien auf das Papier malen. Die meisten geben diese offenkundig sinnlose Aktivität bald auf, der Häuptling der Gruppe jedoch bittet um einen Notizblock und gibt seine Informationen fortan nur noch »schriftlich«, d.h., er kritzelt Zickzacklinien auf den Block und erläutert diese dann, während Lévi-Strauss vorgibt, sie zu lesen (291). Die Ausführungen zu diesen »Schreibstunden« dürften, was ihre Strahlwirkung in Bereiche jenseits der Ethnologie betrifft, zu den einflussreichsten Passagen der *Traurigen Tropen* gehören. Nicht zuletzt auf ihrer Basis hat Jacques Derrida ein gutes Jahrzehnt nach Erscheinen des Buches sein Programm der Grammatologie errichtet.[102]

Die Expedition zu den Tupi-Kawahib schließlich stellt zugleich Höhepunkt und Peripetie der Lévi-Strauss'schen Suche nach Indianern im »Urzustand« dar. Die Tupi-Kawahib selbst erweisen sich freilich als arge Enttäuschung. Während Lévi-Strauss und seine Reisegefährten sich aufmachen, um eine Siedlung aufzusuchen, von der es heißt, dass ihre Bewohner bislang noch keinen Kontakt zu Weißen hatten, treten die kläglichen Überreste jenes Dorfes die umgekehrte Reise an. Sie haben entschieden, ihr Leben im Dschungel gegen eines an den Rändern der Zivilisation einzutauschen. Mehrere Tagesreisen von der Handelsstation Pimenta Bueno am gleichnamigen Fluss entfernt treffen die beiden Gruppen aufeinander. Lévi-Strauss gelingt es nur mit Mühe und der Aussicht auf zahlreiche Geschenke, wenigstens eine zeitweilige Rückkehr ins Dorf zu erreichen (340). Die Hoffnung auf einen »Erstkontakt« hat sich zu jenem Zeitpunkt freilich schon zerschlagen. Der Häuptling nämlich, mit dem er die Verhandlungen führt, trägt (im Unterschied zu seinen Gefolgsleuten, die lediglich ihren Penis mit einem Strohbeutel verhüllen) einen zerschlissenen Pyjama. Auch sonst entspricht die Gruppe keineswegs dem Bild, das sich Lévi-Strauss aus der Literatur von den Nachfahren der großen Tupi-Populationen der vergangenen Jahrhunderte gemacht hat. Gerade einmal 16 Personen zählt sie: sieben Männer, drei kleine Mädchen und sechs Frauen – von denen vier mit dem Häuptling verheiratet sind.[103] Der ethnographische Ertrag des zweiwöchigen Aufenthalts ist – nicht zuletzt, weil er nach einem Unfall überstürzt abgebrochen werden muss – vergleichsweise gering. Im Verlauf der gleichen Reise eröffnet sich Lévi-Strauss jedoch überraschend die Gelegenheit, eine Gruppe zu besuchen, die sich selbst Mundé nennt und die offenbar tatsächlich noch keinen Kontakt zur Welt der Weißen hatte.

Mit einem Teil seiner Männer tritt er die Reise an, krank und erschöpft, unter Zeitdruck und ohne ausreichende Mittel. Eine Woche immerhin bleibt er bei den Mundé, sammelt Termini für Verwandtschaftsbeziehungen, Farben und Formen und statistische Daten zur Zusammensetzung der Gruppe und der Struktur der Siedlung – und wird sich der ganzen Absurdität seiner Sehnsucht nach Ursprünglichkeit bewusst. Die »Wilden«, die er so lange gesucht hat, endlich hat er sie gefunden. Und muss sich eingestehen: Sie sind allzu wild. Er kann sie anfassen, aber nicht begreifen. Die Kommunikation scheitert an der Sprachbarriere. Der Zwiespalt erschüttert nicht nur Lévi-Strauss' Selbstverständnis als Ethnologe, er bringt das gesamte epistemologische Gerüst der ethnographischen Tätigkeit ins Wanken. Denn wenn das Fremde immer nur in den Begriffen des Eigenen gedacht werden kann, wird es notwendig seiner Fremdheit entkleidet. Dann aber hätte man sich die Beschwernisse der Reise ersparen können. Bewahrt es hingegen eine radikale Fremdheit, kann der Forscher nichts damit anfangen, ja schlimmer noch, er kann noch nicht einmal mit Bestimmtheit sagen, worin die Fremdheit überhaupt besteht (328). Gefangen zwischen diesen beiden Extremen, stellt sich Lévi-Strauss die grundsätzliche Frage nach dem Tun des Ethnologen:

»welche zweideutigen Fälle liefern uns die Ausreden, von denen wir leben? Und wer ist letzten Endes der wahre Betrogene jener Verwirrung, die solche Bemerkungen bei unseren Lesern hervorrufen, Bemerkungen, die gerade so weit gehen, dass sie verständlich sind, aber doch auf halbem Wege stecken bleiben, weil sie Menschen in Erstaunen setzen, die denen ähneln, für welche diese Bräuche selbstverständlich sind? Ist der Betrogene der Leser, der an uns glaubt, oder wir selbst, die wir kein Recht haben, zufrieden zu sein, bevor es uns nicht gelungen ist, jenen Rest aufzulösen, der unserer Eitelkeit einen Vorwand liefert?« (TT 328 f.)

Diese unscheinbaren Zeilen enthalten nicht zuletzt eine radikale Absage an den Hang von Reiseschriftstellern (aber auch vielen ethnologischen Fachkollegen) zum Exotismus und zur Effekthascherei. Und sie lassen den berühmten ersten Satz der *Traurigen Tropen* in einem sehr verständlichen Licht erscheinen: »Ich verabscheue Reisen und Forschungsreisende.« (9) Aufgabe der Ethnologie kann es für Lévi-Strauss nicht sein, einiger billiger Effekte wegen bei halbverstandenen Details stehen zu bleiben. Da alle Menschen über die gleichen neurophysiologischen Voraussetzungen verfügen, gilt für ihn zunächst einmal ohne jede Einschränkung das Axiom einer wechselseitigen Verstehbarkeit. Kulturelle Praktiken mögen, oberflächlich betrachtet, absurd erscheinen, da sie aber niemals für sich allein stehen, sondern stets in Beziehung zu anderen Praktiken, mit denen gemeinsam sie ein System bilden, relativiert sich ihre scheinbare Irrationalität sehr schnell. Der Blick des Ethnologen muss nun lediglich noch die

Oberfläche der sichtbaren kulturellen Ausdrucksformen durchdringen und sich auf die zugrunde liegende Struktur richten. Und deren Sinn kann sich, da er auf universalen Prinzipien fußt, auch dem externen Beobachter erschließen.

Diese erkenntnistheoretische Zuversicht darf nicht darüber hinwegtäuschen, dass *Traurige Tropen* ein zutiefst pessimistisches Buch ist, dem Lévi-Strauss nicht ohne Grund ausgerechnet diesen Titel gegeben hat. Denn wir mögen die Anderen zwar verstehen können – die Frage ist jedoch: Lohnt sich das überhaupt angesichts eines Anderen, das sich dem Eigenen immer stärker angleicht? Den Folgen der europäischen Expansion kann bereits der Reisende der ersten Hälfte des vergangenen Jahrhunderts nicht mehr entrinnen. Der »Schock«, den die Autoren des 16. Jahrhunderts angesichts des Fremden empfanden, bleibt auch ihm für gewöhnlich schon verwehrt: Keine Neuen Welten mehr, die abgeschlossen in sich ruhten und sich für vollständig hielten, nur um plötzlich zu erkennen, dass sie nicht die einzigen Menschen sind (320). Das Zeitalter der »wahren« Reisen ist auch in den 1930er Jahren schon unwiederbringlich vorüber – wenn es denn je existiert haben sollte. Die Folgen sind in Lévi-Strauss' Sicht fatal:

»Heute, da die polynesischen Inseln in Beton ersticken, da ganz Asien das Gesicht eines verseuchten Elendsgebiets annimmt, Afrika von Barackenvierteln zerfressen wird, Passagier- und Militärflugzeuge die Reinheit des amerikanischen oder melanesischen Urwalds beflecken, noch bevor sie seine Jungfräulichkeit zu zerstören vermögen – was kann die angebliche Flucht einer Reise da anderes bedeuten, als uns mit den unglücklichsten Formen unserer historischen Existenz zu konfrontieren? [...] Es ist nicht mehr zu ändern: die Zivilisation ist nicht länger jene zarte Blüte, die man umhegte und mit großer Mühe an einigen geschützten Winkeln eines Erdreichs züchtete, in dem zwar viele robuste und durch ihre Lebenskraft zweifellos bedrohliche Feldpflanzen wuchsen, die aber die Saat auch zu verändern und zu kräftigen vermochten. Heute findet sich die Menschheit mit der Monokultur ab. Sie schickt sich an, die Zivilisation in Massen zu erzeugen wie Zuckerrüben. Und bald werden diese auch ihre einzige Nahrung sein.« (TT 31)

Die Entwicklungen der vergangenen Jahrzehnte haben gezeigt, dass Lévi-Strauss' Befürchtungen sich nur teilweise bewahrheitet haben. Wir alle kennen vermutlich von unseren Reisen das Bedauern über den Verlust an »Authentizität« und haben nur oft genug vergeblich nach dem »Typischen« gesucht, dem »Echten«, »Ursprünglichen«, dem, was noch kein Tourist vor uns gesehen (und verdorben) hat. Doch weit davon entfernt, die »Cocacolization« der Welt passiv hinzunehmen und im Einheitsbrei einer »McWorld« (Barber 1996) aufzugehen, haben die Lokalkulturen der Welt sich von einer erstaunlichen Widerspenstigkeit gegenüber allen kulturellen Homogenisierungstendenzen gezeigt. Es mag heute ein erdumspannend geteiltes Wissen über Sportereignisse, Waren und Prominente geben, dessen Ausmaß noch vor hundert Jahren unvorstellbar gewesen wäre,[104] zugleich aber lassen sich überall auf der Welt lokale Aneignungspraktiken beobachten, die der Einbettung in einen einheitlichen »globalen Themenpark« überaus erfolgreich Widerstand entgegensetzen. Elemente der westlichen Kultur werden dabei zwar aufgegriffen, sie werden aber an die lokalen Bedingungen und Bedürfnisse angepasst und dabei mitunter so stark verändert, dass sie kaum wiederzuerkennen sind.

Vielleicht ist der Kulturbegriff, den Lévi-Strauss seinen düsteren Prognosen zugrunde legt, ein wenig zu statisch, sieht er Kulturen eher als ein Mosaik denn als einen ständig im Wandel begriffenen Fluss. Neuere Theorien gehen eher davon aus, dass wir es hier immer schon mit vielfachen Überlagerungen, Durchquerungen und Verschmelzungen zu tun haben und so etwas wie eine Kultur in reiner, abgeschlossener Form nicht existiert. Kulturen sind, wie der französische Philosoph Jean-Luc Nancy es einmal nannte, »Bastarde«. Nicht nur, weil sie zu irgendeinem früheren Zeitpunkt fremde Kulturelemente aufgenommen haben, sondern notgedrungen und unhintergehbar, »weil der grundlegende Gestus der Kultur selbst einer des Vermischens ist«[105]. »Roots« und »Routes«, mit anderen Worten, lassen sich nicht auseinanderdividieren.[106]

Ein solches postmodernes Kulturverständnis nicht bereits in den 1950er Jahren entwickelt zu haben kann man Lévi-Strauss freilich kaum vorwerfen. Dies umso weniger, als er sich auch in seiner vermeintlich naiven Sehnsucht nach Authentizität stets der Tatsache bewusst bleibt, dass er keineswegs einfach nur *zu spät* gekommen ist. Man kann gar nicht anders, als zu spät kommen. Denn wenngleich es eine reizvolle Vorstellung sein mag, Amerika im 16. Jahrhundert bereist zu haben statt im 20., wäre damit doch keineswegs sichergestellt, dass man es auch in seiner ungetrübten Form hätte *erfahren* können. Notgedrungen hätte man diese Reise auch mit dem Kenntnisstand und Wertekanon eines Menschen des 16. Jahrhunderts angetreten, und beide unterscheiden sich – davon legen die Texte der Reisenden jener Epoche beredt Zeugnis ab – ganz erheblich von denen eines Ethnologen des 20. Jahrhunderts.

»Und so bin ich in einem doppelten Kreis gefangen, aus dem ich nicht auszubrechen vermag: je weniger die menschlichen Kulturen imstande waren, miteinander zu kommunizieren, desto unfähiger waren auch ihre jeweiligen Sendboten, den Reichtum und die Bedeutung dieser Vielfalt zu erkennen. Letztlich bin ich der Gefangene einer Alternative: entweder ein Reisender des Altertums, der zwar einem gewaltigen Schauspiel hätte beiwohnen können, dem jedoch alles oder fast alles entgangen wäre oder der, noch schlimmer, nichts als Spott und Verachtung dafür übrig gehabt hätte, oder ein moderner Reisender, der den Überresten einer verschwundenen Realität nachjagt. In beiden Fällen bin ich der Verlierer, und in weit größerem Maße, als es mir scheint: denn bin ich, der ich Schatten nachtrauere, nicht unempfänglich für das wirkliche Schauspiel, das hier und heute Gestalt annimmt, aber das zu beobachten meine heutigen menschlichen Fähigkeiten nicht ausreichen? In einigen hundert Jahren wird am selben Ort ein anderer Reisender ebenso verzweifelt wie ich all den Dingen nachtrauern, die ich heute hätte sehen können und die mir entgangen sind.« (TT 37)

Die Lösung des Dilemmas eröffnet sich Lévi-Strauss gut anderthalb Jahrzehnte nach seiner letzten Expedition quasi von selbst. Er findet sie, überraschend genug, im *Vergessen*. Nur durch das Vergessen nämlich können sich die verstreuten Erinnerungen von ihrem unmittelbaren Kontext lösen und neu organisieren. Sie gehen dabei mitunter überraschende Verbindungen ein und stiften Sinnzusammenhänge, die sich rational nicht begründen lassen. Wie bei den surrealistischen Wahrheitsspielen, an denen Lévi-Strauss während seiner Zeit in New York teilnimmt, und wie bei der Arbeit mit dem berühmten Zettelkasten, aus dem er zeitlebens Karten ziehen und neu gruppieren wird (NuF 8, 52), bewirkt das Vergessen eine Verringerung der Bewusstseinszensur:

»Zeiten und Orte stoßen zusammen, erscheinen nebeneinander oder kehren sich um – gleich Ablagerungen, die durch das Beben einer brüchig gewordenen Kruste aus den Fugen geraten sind. Irgendein winziges, uraltes Detail bricht hervor wie die Spitze eines Felsens, während ganze Schichten meiner Vergangenheit spurlos versinken. Scheinbar zusammenhanglose Ereignisse aus ganz verschiedenen Zeiten und Gegenden schieben sich übereinander und erstarren plötzlich zu einer Art Burg, deren Pläne ein Architekt, der weiser ist als meine Geschichte, entworfen haben könnte.« (TT 38)

Das denkende Subjekt spielt in diesem Bild lediglich noch die Rolle des *Ortes*, an dem sich das Denken ereignet. Man mag diese Vorstellung »buddhistisch« nennen (tatsächlich findet sich eine Reihe von Ähnlichkeiten zwischen der strukturalistischen und der buddhistischen Konzeption von Begriffen wie »Geist« oder „Gesellschaft"),[107] vor allem aber spricht aus ihr eine tiefe Ablehnung der kartesianischen Tradition, die das denkende Bewusstsein ins Zentrum ihrer Erkenntnistheorie gerückt hat. Und so verwundert es denn auch nicht, wenn am Ende der *Traurigen Tropen* keine vollständige Zergliederung der Welt in ihre kleinsten Bestandteile als anzustrebendes Ideal postuliert wird, sondern das Innehalten, das Loslösen und der Blick, »den ein unwillkürliches Einverständnis zuweilen auszutauschen gestattet mit einer Katze« (TT 413).

Anhang

Anmerkungen

1 Augé 1990, »Ten Questions Put to Claude Lévi-Strauss«, S. 87; Kohl 1993, *Ethnologie*, S. 145.
2 Petermann 2004, *Geschichte der Ethnologie*, S. 854.
3 Augé 1990, »Ten Questions Put to Claude Lévi-Strauss«, S. 86, spricht gar davon, dass sich in Frankreich ausnahmslos alle Ethnologen einer Generation in Bezug auf Lévi-Strauss positionieren mussten.
4 Keck 2005, *Claude Lévi-Strauss, une introduction*, S. 9; Clément 2002, *Que sais-je?*, S. 5; Steiner 1977, »Orpheus with His Myths«, S. 241; Gramont 1970, »There Are No Superior Societies«, S. 8; Murphy 1970, »Connaissez-vous Lévi-Strauss?«; Sperber 1985, *Das Wissen des Ethnologen*, S. 184; Dosse 1999, *Geschichte des Strukturalismus*, S. 9. Kaum weniger deutliche Worte fanden übrigens die Kritiker des Ansatzes. Von einer »Technik des Zitronenausquetschens« etwa ist hier die Rede, und von heiterer Unbedarftheit, von intellektuellen Verrenkungen und Taschenspielertricks, von mangelnder Kritik gegenüber den benutzten Quellen, etcetera (vgl. etwa Douglas 1999, *Implicit Meanings*, S. 144; Leach 1991, *Lévi-Strauss zur Einführung*, S. 9, 22f.).
5 Lévi-Strauss 2004, »Le coucher de soleil«, S. 12.
6 Abélès 2004, »Bibliographie de et sur Claude Lévi-Strauss«. Eine oberflächliche Recherche im Katalog der Bibliothèque Nationale Ende Januar 2008 fördert allein 173 Publikationen zutage, die den Namen Lévi-Strauss explizit im Titel führen.
7 Leach 1991, *Lévi-Strauss zur Einführung*, S. 23.
8 Die Verschiebung des ethnologischen Feldes von der Untersuchung möglichst isoliert lebender Gemeinschaften einer von europäischen Einflüssen möglichst freien Lebensweise hin zur Analyse hybrider Formen beispielsweise betrachtet auch Lévi-Strauss nicht ohne Wehmut. Die Disziplin verliere dabei zwar keineswegs ihre Existenzberechtigung, nehme aber doch zunehmend philologischen oder ideengeschicht-

lichen Charakter an (Lévi-Strauss 2004, »Le coucher de soleil«, S. 13-14).

9 Malinowski 1979, *Argonauten des westlichen Pazifik*, S. 31.

10 Vgl. etwa Leach 1991, *Lévi-Strauss zur Einführung*, S. 7-8, 19, 21-22.

11 Augé 1990, »Ten Questions Put to Claude Lévi-Strauss«, S. 88. Für eine der wenigen kritischen Diskussionen frazerscher Positionen bei Lévi-Strauss vgl. ES 212-223.

12 Vgl. zum gleichen Punkt auch Lévi-Strauss 2004, *Le coucher de soleil*, S. 5-6, wo er erneut betont, wie wichtig die Feldforschungserfahrung für einen Ethnologen ist: »Pour savoir mieux utiliser les travaux que d'autres rapportent de leur terrain.« An gleicher Stelle begründet er auch das Nichtwiederaufnehmen seiner eigenen Feldforschung nach dem Krieg. Sie langweilt ihn: »J'aime ce genre de vie mais pas les routines de l'enquête. La patience me manque.«

13 Kohl 1979, *Exotik als Beruf*, S. 71.

14 Vgl. etwa Lévi-Strauss in Sorman 1989, *Denker unserer Zeit*, S. 114-115, mit Blick auf die sogenannte »interpretative Wende«: »[Clifford Geertz] glaubt, in der Anthropologie eine Revolution herbeigeführt zu haben, dank seiner Erklärung, Gegenstand unseres Fachgebietes sollte nicht die Beobachtung primitiver Kulturen sein, sondern die Beobachtung des sie beobachtenden Beobachters.«

15 Lévi-Strauss 2000, »Es beunruhigt mich nicht, ins Nichts überzugehen«, S. 9.

16 Beuchot 2004, *Claude Lévi-Strauss*.

17 Etwa Keck 2005, *Claude Lévi-Strauss, une introduction*.

18 Augé 1990, »Ten Questions Put to Claude Lévi-Strauss«, S. 85.

19 Neben dem Vater bestreiten auch zwei Onkel ihren Lebensunterhalt als Maler. Der Urgroßvater war seinerzeit als Geiger und Orchesterleiter recht bekannt (NuF 12).

20 Mit *Khâgne* (pseudogräzisierte Form zu *cagneux*, krummbeinig) wird im französischen Schuljargon die geisteswissenschaftlich ausgerichtete Vorbereitungsklasse der jeweils besten Absolventen der Gymnasien auf den *concours d'entrée*, die Aufnahmeprüfung für die *grandes écoles* und Universitäten bezeichnet.

21 Beauvoir 1960, *Memoiren einer Tochter aus gutem Hause*, S. 284.

22 Lévi-Strauss in: Beuchot 2004, *Claude Lévi-Strauss*.

23 Auch eine Reihe von Vorträgen sowie eine Anzahl kleinerer Publikation ging aus dieser Forschung hervor; darunter vor allem der lange Aufsatz, »Contribution à l'étude de l'organisation sociale des Indiens Bororo«. Ein gutes halbes Jahrhundert nach den Expeditionen wird Lévi-Strauss die während der Reisen entstandenen Bilder in seinem *Brasilianischen Album* (1995) dem Publikum vorlegen.

24 Die Umstände der Überfahrt schildert Lévi-Strauss in *Traurige Tropen* (S. 14-30). Seine Ankunft in New York wird er gut vierzig Jahre später erneut zum Thema eines Aufsatzes in *Der Blick aus der Ferne* machen (S. 374-385).

25 Beispielsweise in *Das Wilde Denken*, S. 34; *Strukturale Anthropologie II*, S. 38-39; *Der Blick aus der Ferne*, S. 371; *Sehen, Hören, Lesen*, S. 133-141. Für eine Analyse der »surrealistischen« Züge von Lévi-Strauss' Arbeit vgl. Debaene 2004, »Un quartier de Paris aussi inconnu que l'Amazone«.

26 Auch international eine gewisse Beachtung fand beispielsweise die Ablehnung des Vorschlags, weibliche Endungen für bestimmte Wörter einzuführen, bei der Lévi-Strauss Mitte der 1980er Jahre federführend war (NuF 130).

27 So zuletzt Abélès 2004, *Bibliographie de et sur Claude Lévi-Strauss.*

28 Der etwa hundert Seiten umfassende Text erschien seinerzeit im *Journal de la Societé des Americanistes*. Die Arbeit an den *Elementaren Strukturen der Verwandtschaft* war zu jenem Zeitpunkt bereits seit einem Jahr abgeschlossen (NuF 68).

29 Lévi-Strauss 1963, »Réponse à quelques questions«, S. 633; vgl. auch *Mythologica I*, S. 25.

30 Lévi-Strauss 2004, »Le coucher de soleil«, S. 17.

31 Lévi-Strauss 1969, *Strukturale Anthropologie I*, S. 43-67 (zuerst in: *Word: Journal of the Linguistic Circle of New York*, Bd. I, Nr. 2, August 1945, S. 1-21).

32 Saussure 1967, *Grundfragen der allgemeinen Sprachwissenschaft.*

33 Ebenda, S. 16.

34 Ebenda.

35 Ebenda.

36 Ebenda.

37 Ebenda, S. 79f.

38 So bellen etwa Hunde auf Deutsch deutlich anders als ihre Artgenossen in anderen Ländern: ouah! ouah! (französisch), bow-wow (englisch), bub-bup (katalanisch), kuçukuçu (türkisch), ham-ham (rumänisch), zaun (baskisch), wook wook (Swahili), nubaah (arabisch).

39 In einem in *Strukturale Anthropologie I* veröffentlichten Nachtrag zu zwei früheren Aufsätzen zur Sprachwissenschaft relativiert Lévi-Strauss die Arbitrarität des sprachlichen Ausdrucks und mag vollständige Willkürlichkeit lediglich noch dem Zeichen »*a priori*« zukommen lassen, »*a posteriori*« hingegen scheinen bestimmte Lautgruppen, »wenn sie erst einmal feststehen, den ihnen zugeordneten semantischen Inhalt mit besonderen Nuancen versehen« (SA I, 108).

40 Ebenda, S. 137.

41 Ebenda, S. 142f.

42 Ebenda, S. 134.

43 Frank, 1984, *Was ist Neostrukturalismus?*, S. 44.

44 Saussure spricht in diesem Zusammenhang von syntagmatischen und *assoziativen* Beziehungen (1967, *Grundfragen der allgemeinen Sprachwissenschaft*, S. 147 f.), inzwischen hat sich jedoch statt »assoziativ«der Begriff »paradigmatisch« durchgesetzt.

45 Roland Barthes 1966, *Die strukturalistische Tätigkeit*, S. 191. Für Barthes besteht diese Tätigkeit zunächst einmal aus nichts anderem, als darin, ihr Objekt zu zerlegen und wieder zusammenzusetzen. Das klingt nicht besonders aufregend, doch ist der Gegenstand einer strukturalen Analyse nach der Behandlung ein anderer als vorher. Dadurch nämlich, dass die Untersuchung die Regeln offenlegt, nach denen er aufgebaut ist und funktioniert, wird er mit einer zusätzlichen Sinndimension angereichert. Er ist nicht länger ein isoliertes Phänomen der natürlichen Umwelt, ohne Bezug zu den ihn umgebenden Objekten, sondern wird zum Teil eines umfassenderen kulturellen Systems. Seine Bedeutung erfährt ein solcher Gegenstand nicht durch einen wie auch immer gearteten *Inhalt*, sondern allein durch seine Stellung innerhalb des Systems bzw. einer Struktur. Wichtig sind also nicht seine konkreten Eigenschaften, wichtig ist, wie und wodurch er sich von anderen Teilen des gleichen Systems unterscheidet.

46 Vgl. dazu auch Sperber 1985, *Das Wissen des Ethnologen*, S. 112f. Groddeck 1995, *Reden über Rhetorik*, S. 212-214, führt die drei traditionellen Anwendungsbereiche der synekdochischen Schlussverfahren auf:

von der Gattung auf die Art (»Wer nie sein Brot mit Tränen aß«) bzw. von der Art auf die Gattung (Menschen als »Sterbliche«), vom Ganzen auf sein Teil (»unter meinem Dach«) bzw. umgekehrt (»Soll das ganze Haus ersaufen?«) und vom Singular zum Plural (etwa in Form des *Pluralis majestatis*) bzw. vom Plural zum Singular (»Der Schweizer liebt den Käse«).

47 Groddeck 1995, *Reden über Rhetorik*, S. 234.

48 So etwa in SM, 253, wo er dem Mythos einen ähnlichen Platz in der Welt der Sprache zuweist wie dem Kristall in der Welt der Materie. Die Aufgabe der strukturalen Analyse reduziert sich in diesem Bild letztlich darauf, diese kristallinen Eigenschaften »ins Licht zu setzen« (Lévi-Strauss in Caruso 1969, *Conversazioni con Lévi-Strauss, Foucault e Lacan*, S. 81). Vgl. auch TT 168, wo er sich »eine Art periodischer Tafel« erträumt, »ähnlich derjenigen der chemischen Elemente, in der sich alle realen oder auch nur möglichen Bräuche zu Familien gruppieren würden, so dass man nur noch herauszufinden brauchte, welche von ihnen die einzelnen Gesellschaften tatsächlich angenommen haben.« In seinen späteren Wortmeldungen ist dieser Optimismus freilich einer Haltung gewichen, die der eigenen Arbeit lediglich noch zugesteht, »eine Phase der ethnologischen Reflexion geprägt« zu haben (NuF 142).

49 Tatsächlich datiert sein Interesse an Fragen der Verwandtschaft noch ein wenig früher. Schon während seiner Tätigkeit am Gymnasium in Montpellier hatte er Marcel Granets *Catégories matrimoniales et relations de proximité dans la Chine ancienne* (1939) gelesen und dort zahlreiche Anregungen gefunden, sich aber daran gestört, dass die Lösungen, die Granet für bestimmte Probleme im Zusammenhang mit komplexen Verwandtschaftssystemen vorschlägt, sich als weit komplizierter erwiesen als die Probleme, die zu lösen er damit vorgab (NuF 146).

50 Wolfram von Eschenbach setzte das spätmittelalterliche Verwandtschaftssystem mit den unterschiedlichen sozialen Rollen, die den einzelnen Verwandtschaftspositionen zukamen, in seinem *Parzival* meisterhaft (und mit einer Konsequenz, die das Epos nachgerade als literarische Illustration der Lévi-Strauss'schen Verwandtschaftstheorie erscheinen lässt) in Szene. Der Bedeutungswandel, den die mittelhochdeutschen Begriffe für Vaterbruder (vetter) und Vaterschwester (base) im Verlauf der vergangenen Jahrhunderte erfahren haben (beide die-

nen ja heute als – ebenfalls bereits mit dem Nimbus des Altertümlichen umgebene – Bezeichnungen für Cousin und Cousine), mag jedoch als deutliches Indiz dafür dienen, dass auch die ursprünglich an sie gekoppelten Vorstellungen aus dem Bewusstsein der Sprecher verschwunden sein dürften und mütterliche und väterliche Verwandtschaftsgruppen heute als gleichrangig angesehen werden.

51 Angedeutet hat dies erstmals Lowie 1919, *The Matrilineal Complex*, der vorschlug, das Avunkulat als lediglich einen Sonderfall der allgemeinen Tendenz zu deuten, soziale Rollen an bestimmten Verwandtschaftsbeziehungen festzumachen.

52 Radcliffe-Brown 1924, »The Mother's Brother in South Africa«.

53 Stellvertretend für viele andere Theoretiker seien hier lediglich Jean-Jacques Rousseau, Lewis Henry Morgan und Johann Jakob Bachofen genannt.

54 Die beiden bekanntesten Beispiele für diese Art von Geschwisterheirat sind zweifellos die Ptolemäer-Dynastie in Ägypten und die südamerikanischen Inka, die gleiche Praxis ist jedoch auch für andere Gesellschaften Afrikas oder Asiens belegt (ES 54).

55 Mead 1970, »Geschlecht und Temperament in drei drei primitiven Gesellschaften«, in: *Jugend und Sexualität in primitiven Gesellschaften*, Bd. 3, S. 89f.; hier zitiert nach ES 647f.

56 Die Ausweitung der Kategorien auf klassifikatorische Verwandte (Personen also, die zu Ego in einem seitlichen Verwandtschaftsverhältnis stehen, aber mit dem gleichen Terminus bezeichnet werden wie lineare Verwandte) ist deshalb nötig, weil die Grenzverläufe der *sozialen* Verwandtschaft andere sind als die der *biologischen*. In sozialer Hinsicht werden, mit anderen Worten, Verwandtschaftsgrade als gänzlich verschieden voneinander angesehen, die biologisch betrachtet absolut gleichwertig sind (ES 198).

57 Das Diagramm stellt natürlich eine extreme Vereinfachung dar. Nicht nur liegen die Verwandtschaftsstrukturen in Wirklichkeit praktisch nie in dieser modellhaften Weise zutage, es gibt auch empirische Heiratspraktiken, die ganz im Gegenteil der Parallelkusine als Ehepartnerin den Vorzug einräumen, beispielsweise im Fall der sogenannten »arabischen Ehe«. Lévi-Strauss beharrt jedoch zu Recht darauf, dass auch diese Gesellschaften in der Mehrzahl exogame Ehen schließen und die Parallelkusinenheirat lediglich Ausdruck eines Systems ist, in dem

anstelle der Frauen das Recht ausgetauscht wird, *einige* Frauen zu behalten (NuF 153).

58 Tatsächlich kann man die patrilaterale Kreuzkusinenheirat durchaus als einen Sonderfall der Onkelheirat ansehen, bei dem der (von der zu verheiratenden Frau aus gesehen) Mutterbruder die Eherechte an der Schwestertochter an seinen Sohn abtritt (ES 602).

59 Frazer 1919, *Folklore in the Old Testament*, Bd. 2, S. 166 (hier zitiert nach ES 604).

60 Die zugrunde liegende Annahme zweier konstanter Verhältnisse ist nicht unumstritten. Insbesondere das Verhältnis Mutter/Sohn scheint weit stärkeren Schwankungen zu unterliegen als Lévi-Strauss einzuräumen bereit ist. Auch zwischen diesen beiden Gliedern des Systems kann es offenbar engere oder distanziertere verwandtschaftliche Bindungen geben (Adler & Cartry 1971, 12). Die Frage ist, ob der Beziehung auch strukturell die gleiche elementare Bedeutung zukommt wie der zwischen Vater und Sohn, die ja das Verhältnis der Deszendenz bereits abdeckt. Beantwortet man sie mit ja, hätte dies natürlich drastische Folgen für das affektive Gleichgewicht innerhalb des Verwandtschaftsatoms.

61 Die Intuition liefert freilich keineswegs eine befriedigende Erklärung. Bei den Mundugumor vom Yuat-Fluß im Nordwesten von Neuguinea beispielsweise sind offenbar ausnahmslos *alle* Beziehungen auf horizontaler Ebene (also innerhalb derselben Generation) negativ. Das einzig positive Verhältnis innerhalb des Verwandtschaftsatoms bildet hier die Beziehung Onkel/Neffe. Dennoch ist nicht bekannt, dass die Mundugumor je Probleme mit dem Zeugen von Nachkommen gehabt hätten (SA II, 105-112).

62 Lévi-Strauss selbst räumt ein, dass man strenggenommen nicht nur zwei (+ und -), sondern mindestens vier Haltungen unterscheiden müsste: bilaterale Beziehungen, die auf freiwilliger oder zwangsläufiger Gegenseitigkeit basieren (=, ±), und unilaterale, wie sie im Verhältnis Gläubiger/Schuldner als Recht bzw. Verpflichtung zum Ausdruck kommen (+, -). Denkbar sind auch Beziehungen zwischen zwei Personen, die sich nicht nur einer einzigen Haltung, sondern einer Kombination aus mehreren dieser vier Grundtypen verdanken (SA I, 64f.).

63 Lévi-Strauss 1973, »Réflexions sur l'atome de parenté«, in: *L'Homme* 13, 1973:3, S. 5-30 (dt. in *SA II*, S. 99-131). Es ist dies einer der weni-

gen Artikel, mit denen Lévi-Strauss explizit Stellung gegen eine Kritik seiner Arbeiten bezieht. Das mag durchaus als Indiz dafür dienen, dass die Vorwürfe am Verwandtschaftsatom (in diesem Fall vorgebracht von Luc de Heusch) nicht ganz unerheblich sind. Lévi-Strauss kann jedoch überzeugend zeigen, dass lediglich kleinere Modifizierungen des Verwandtschaftselements nötig sind, um auch für die von de Heusch angeführten Fälle der Lambumbu, der Mundugumor und der Lele das Verwandtschaftsatom zu identifizieren. Letztlich nämlich sind auch hier die drei Grundbedingungen für die Konstruktion eines Verwandtschaftsatoms erfüllt: die elementare Verwandtschaftsstruktur ruht auf Blutsverwandtschaft *und* Allianzbeziehungen, der Inhalt der Onkelbeziehung ist unabhängig von der Abstammungsregel, und die Verhaltensweisen und Haltungen *innerhalb* des Systems lassen sich in Gegensatzpaaren organisieren (SA II, 112).

64 Freud 2000 [1912], *Totem und Tabu*, S. 296.

65 Tylor 1899, »Remarks on Totemism«, S. 145.

66 Rivers 1914, *History of Melanesian Society*, Bd. 2, S. 75.

67 Boas 1916, »The Origin of Totemism«.

68 Durkheim 2005 [1912], *Die elementaren Formen des religiösen Lebens.*

69 So zum Beispiel Freud 2000 [1912], *Totem und Tabu*, S. 296.

70 Beide Herangehensweisen haben in kleinerem Maßstab durchaus weiterhin ihre Berechtigung. Sie spielen aber auf einer anderen diskursiven Ebene als die grundsätzlichen Überlegungen Lévi-Strauss' zum Totemismus. Der Suche nach Legitimationsmythen entspräche in der Sprachwissenschaft der Bereich der Etymologie, dessen Erforschung zweifelsohne wichtige Einsichten ermöglicht. Über die *Prinzipien* der Verbindung zwischen einer Lautform und einer Vorstellung aber (respektive eines Totems und einer Totemgruppe) verraten sie uns nichts. Und auch utilitaristische Überlegungen können zweifellos weiterhin ihren Platz bei der Suche nach Erklärungen für konkrete totemistische Praktiken haben. Die auf diese Weise gewonnenen Einsichten aber sind ebenfalls nicht geeignet, die zugrunde liegenden Organisationsprinzipien aufzudecken.

71 Das Beispiel findet sich ursprünglich in einem anderen Zusammenhang in WD 84.

72 Der Begriff der *Homologie* wird von Lévi-Strauss für jene *Transformationen* gebraucht, die auf strukturellen Entsprechungen beruhen. In ih-

rer einfachsten Form lässt eine homologe Struktur sich ausdrücken als: A verhält sich zu B, wie C sich zu D verhält (A : B :: C : D). Transformationen und Homologien sind es letztlich auch, die es uns erlauben, in scheinbar unterschiedlichen Systemen dieselben Eigenschaften wiederzufinden (SA II, S. 28).

73 Saussure 1967, *Grundfragen der allgemeinen Sprachwissenschaft*, S. 134.

74 Evans-Pritchard 1956, »Zande Totems«, S. 108.

75 Vgl. dazu vor allem Foucault 1991, *Die Ordnung der Dinge*.

76 Hervorragende Beispiele für diese Theorie sind Frazer 1991, *Der goldene Zweig*, und Levy-Bruhl 1956, *Die Seele der Primitiven*. Vor allem der letztgenannte Text scheint (ungeachtet der Tatsache, dass Lévy-Bruhl vor allem zeigen wollte, dass auch das primitive Denken in sich schlüssig und kohärent ist) Lévi-Strauss in einem Ausmaß verärgert zu haben, dass er wohl mit Recht als wichtiger Stimulus für die Arbeit an *Das wilde Denken* angesehen werden kann (WD 289, 308).

77 Krause 1885, *Die Tlinkit-Indianer*, (hier zitiert nach WD 11).

78 Diderot & d'Alembert 1765, *Encyclopédie*, Artikel NOM, Bd. 11, N-Parkinsone, S. 197.

79 Ein Extrembeispiel für den möglichen Reichtum indigener Klassifizierungen bilden zweifellos die auf den Philippinen lebenden Hanunóo, die bei den Pflanzen ihrer Umgebung mehr als 1800 Taxa unterscheiden, die sich gegenseitig ausschließen. Zum Vergleich: westliche Botaniker teilen die gleiche Flora in lediglich 1300 Arten ein (H.C. Conklin 1960, *Lexicographical Treatment of Folk Taxonomies*, S. 4, zitiert in WD 179f.).

80 Die Zahl der unterschiedlichen Inuit-Ausdrücke für »Schnee« wird seit langem debattiert. Eine aktuelle Liste der entsprechenden Lexeme findet sich unter: http://www.princeton.edu/~browning/snow.html (24.11.2007).

81 Entsprechenden Versuchen erteilt Lévi-Strauss eine klare Absage in seiner »Einleitung in das Werk von Marcel Mauss« (1989: 38): »[D]ie Sprache hat nur auf einen Schlag entstehen können. Die Dinge haben nicht allmählich beginnen können, etwas zu bedeuten. Im Gefolge einer Transformation, deren Erforschung nicht Aufgabe der Sozialwissenschaften ist, sondern der Biologie und der Psychologie, hat sich ein Übergang von einem Stadium, in welchem nichts Bedeutung hatte, zu einem anderen vollzogen, in welchem alles Bedeutung trug.«

82 Frazer 1991, *Der goldene Zweig*, S. 61.
83 Ebenda, S. 791.
84 Abgedruckt in *SA I*, S. 183-203. Aufhänger des Aufsatzes sind die zahlreich bezeugten Todesfälle als Folge einer Verhexung oder eines Fluchs. Lévi-Strauss erweitert freilich die zweigliedrige Formel (Fluch > Tod) zu einer dreigliedrigen (Fluch > sozialer Ausschluss > Tod) und minimiert auf diese Weise den Anteil »übernatürlicher« Kräfte zugunsten einer stärkeren Betonung des Sozialen (vgl. Deliège 2004, *Lévi-Strauss Today*, S. 88). Er zeigt jedoch auch, dass die drei Pole durchaus unterschiedlich gewichtet sein können und sich unter Umständen eben auch ein skeptischer Zauberer, der eigentlich nicht an seine Zauberkraft glaubt, von ihrer Wirksamkeit überzeugen lassen muss.
85 Nicht umsonst trägt das einleitende Kapitel zu *Das wilde Denken* den Titel: »Die Wissenschaft vom Konkreten«. Zum Gegensatz zwischen Sensiblem und Intelligiblem vgl. auch NuF 161.
86 Saussure 1967, *Grundfragen der allgemeinen Sprachwissenschaft*, S. 147 ff., spricht statt von »paradigmatisch« von »assoziativ«. Der Begriff Paradigma hat sich jedoch inzwischen für die Art der Relation, bei der ein Begriff innerhalb einer syntagmatischen Kette durch einen anderen ersetzt wird, durchsetzen können.
87 In der Praxis allerdings lässt die Vielzahl der darin wirksamen Beziehungen ein solches Projekt wenig realistisch erscheinen. Der Einsatz von Computern, den Lévi-Strauss 1962 antizipierte (WD 177), mag durchaus in der Lage sein, diese Aufgabe zu bewältigen, das Ergebnis wäre jedoch notgedrungen so komplex, dass es nicht nur nicht darstellbar, sondern vor allem auch mit dem menschlichen Geist kaum zu fassen sein dürfte.
88 Oppitz 1993, *Notwendige Beziehungen*, unterscheidet insgesamt zehn vorstrukturalistische Ansätze der Mythenforschung: die Naturmythenschule, die historische Schule, die Ritustheorie, die Intellektualmythologie, die allgemeine Mythologie, die psychoanalytische Mythologie, die Archetypenlehre, die neue vergleichende Mythologie, die sozialpsychologische Analyse und die Morphologie nach Vladimir Propp (S. 180-203).
89 Schlesier 1994, *Kulte, Mythen und Gelehrte*, S. 244.
90 So etwa Oppitz 1993, *Notwendige Beziehungen*, S. 205, oder de Ruijter 1991, *Claude Lévi-Strauss*, S. 78-79.

91 Vgl. dazu auch Geertz 1990, *Künstliche Wilde*, S. 38-39.

92 Freud 2000, *Die Traumdeutung*, S. 265-268. Interessant sind hier insbesondere die intertextuellen Bezüge, die Freud zwischen dem Drama des Ödipus und anderen Werken der Weltliteratur herstellt – *Hamlet*, beispielsweise, oder den Erzählungen um Moses (Freud 2000, *Der Mann Moses*, S. 464 f.).

93 Amphion und Zethos etwa, die Erbauer der Stadtmauer von Theben werden wie Ödipus als Kinder im Kithairon-Gebirge ausgesetzt und von Hirten gerettet. Das schwierige Verhältnis zwischen Laios und Ödipus findet eine unscharfe Spiegelung in der Beziehung des Uranos zu seinem Sohn Kronos bzw. des Kronos zu seinem Sohn Zeus, etc.

94 Für eine längere Liste solcher Motivvarianten vgl. Leach 1991, *Lévi-Strauss zur Einführung*, S. 96.

95 *Die Struktur der Mythen*, S. 234. Insofern geht auch Edmund Leach fehl, wenn er Lévi-Strauss' Behandlung des Ödipus-Mythos als »unvollständig« kritisiert und auf gut zwei Dutzend Seiten um fehlende Handlungsstränge und Gegensatzpaare erweitert (Leach 1991, *Lévi-Strauss zur Einführung*, S. 75-100).

96 Nicht wenige dieser Parodien haben ihren Weg bis in die offiziellen Organe der akademischen Ethnologie gefunden. Vgl. beispielsweise Codere 1974, »La Geste du Chien d'Asdiwal«, wo die täglichen Wege des kleinen Hunds der Autorin im geografischen Code organisiert und gedeutet werden, oder Sperber 1996, *La Contagion des idées*, S. 66, der die strukturellen Beziehungen zwischen Hamlet und Rotkäppchen auflistet.

97 Leach 1991, *Lévi-Strauss zur Einführung*, S. 99.

98 Die von Georges Aperghis auf Anregung von Cathérine Clément (die auch das Libretto verfasste) geschriebene Oper *Tristes Tropiques* wurde am 29. September 1996 in Straßburg uraufgeführt. Ihr war allerdings kein besonders großer Erfolg beschieden (vgl. etwa den Artikel »›Tristes Tropiques‹ ou le pari perdu«, in: *L'Humanité*, 2. Oktober 1996).

99 Boon 1972, *From Symbolism to Structuralism*, S. 141.

100 Geertz 1990, *Die künstlichen Wilden*, S. 40.

101 Vieles spricht dafür, dass es sich bei ihnen um die Überreste jener im Amazonasgebiet siedelnden, Städte bauenden Hochkultur handelt, die der spanische Chronist Gaspar de Carvajal Mitte des 16. Jahrhunderts beschrieben hat (BA 11).

102 Derrida 1983, *Grammatologie*, v. a. S. 178-243; vgl. auch Reinhardt 2000, *Jenseits der Schrift*, S. 141-150.

103 Streng genommen besaß der Häuptling ein »Quasimonopol« auf die Frauen der Gruppe. Die einzigen, die nicht mit ihm verheiratet waren, waren seine Schwester und »eine alte Frau, für die sich niemand mehr interessiert«. Die sozialen Spannungen, die ein solches Monopol auf die Frauen der Gemeinschaft mit sich bringt, werden freilich durch eine *de facto* polyandrische Praxis der betroffenen Frauen gemildert (TT 350).

104 Um nur ein Beispiel zu nennen: die senegalesischen Tageszeitungen *Le Soleil* und *Le Quotidien* widmeten im Sommer 2006 den innenpolitischen Entwicklungen des Landes nur unwesentlich mehr Platz als den Ergebnissen der ersten französischen Fußballliga oder den Eskapaden einer amerikanischen Hotelerbin.

105 Nancy 1993, »Lob der Vermischung«, S. 5.

106 Clifford 1997, *Routes*, S. 4.

107 Eine der wenigen expliziten Bezugnahmen Lévi-Strauss' auf den Buddhismus findet sich in *Traurige Tropen*, S. 400-413; für einen Vergleich der beiden Denkschulen vgl. Strenski 1980, »Lévi-Strauss and the Buddhists«.

Literatur

Literatur von Lévi-Strauss

a) Häufig zitierte Werke (Siglenverzeichnis)

BA *Brasilianisches Album*. München : Hanser 1995 (franz. Original 1994).

BF *Der Blick aus der Ferne*. Frankfurt : Fischer 1993 (franz. Original 1983).

ES *Die Elementaren Strukturen der Verwandtschaft*. Frankfurt : Suhrkamp 1993 (fr. Original 1949).

EdT *Das Ende des Totemismus*. Frankfurt : Suhrkamp 1965 (franz. Original 1962).

EM »Einleitung in das Werk von Marcel Mauss«, in: Marcel Mauss, *Soziologie und Anthropologie*, Bd. 1, Frankfurt : Fischer 1989, S. 7-41 (franz. Original 1950).

ET *Die eifersüchtige Töpferin*. Nördlingen : Greno 1987 (franz. Original 1985).

GA »Die Geschichte von Asdiwal«, in: *Strukturale Anthropologie II*. Frankfurt : Suhrkamp 1992, S. 169-224 (franz. Original 1958).

LG *Die Luchsgeschichte: Zwillingsmythologie in der Neuen Welt*. Frankfurt : Suhrkamp 2004 (franz. Original 1991).

MuB *Mythos und Bedeutung. Vorträge*. Frankfurt : Suhrkamp 1995 (engl. Original 1980).

My I *Mythologica I: Das Rohe und das Gekochte*. Frankfurt : Suhrkamp 1994 (franz. Original 1964).

My II *Mythologica II: Vom Honig zur Asche*. Frankfurt : Suhrkamp 1976 (franz. Original 1966).

My III *Mythologica III: Der Ursprung der Tischsitten*. Frankfurt : Suhrkamp 1976 (franz. Original 1968).

My IV *Mythologica IV: Der nackte Mensch*. Frankfurt : Suhrkamp 1976 (franz. Original 1971).

NuF *Das Nahe und das Ferne: Eine Autobiographie in Gesprächen*. Frankfurt : Fischer 1989 (franz. Original 1988).

SA I *Strukturale Anthropologie.* Frankfurt : Suhrkamp 1969 (franz. Original 1958).

SA II *Strukturale Anthropologie II.* Frankfurt : Suhrkamp 1992 (franz. Original 1973).

SHL *Sehen, Hören, Lesen.* Frankfurt : Suhrkamp 2004 (franz. Original 1993).

SM »Die Struktur der Mythen«, in: *SA I*, S. 226-254 (engl. Original 1955).

TT *Traurige Tropen.* Frankfurt : Suhrkamp 1993 (franz. Original 1955).

WD *Das wilde Denken.* Frankfurt : Suhrkamp 1991 (franz. Original 1962).

WM *Der Weg der Masken.* Frankfurt : Suhrkamp 2004 (franz. Original 1975).

b) weitere Werke in chronologischer Ordnung

1936 »Contribution à l'étude de l'organisation sociale des Indiens Bororo«, in: *Journal de la Societé des Américanistes*, NS Bd. 28, S. 269-304.

1948 *La vie familiale et sociale des Indiens Nambikwara.* Paris : Société des Americanistes 1948.

1963 »Réponse à quelques questions«, in: *Esprit* 11, S. 628-653.

2000 »Es beunruhigt mich nicht, ins Nichts überzugehen«, Gespräch mit Constantin von Barloewen, in: *Frankfurter Rundschau*, 13. Januar 2000, S. 9 (Wiederabdruck in: Max Annas und Marie-Hélène Gutberlet [Hg.], *Absolute Claude Lévi-Strauss.* Freiburg : Orange Press 2004, S. 7-14).

2004 »Le coucher de soleil: entretien avec Boris Wiseman«, in: *Les Temps Modernes*, 628: 2004, S. 2-18.

c) Interviews mit Claude Lévi-Strauss

Augé, Marc, »Ten Questions Put to Claude Lévi-Strauss«, in: *Current Anthropology*, 31, 1990:1, S. 85-90. Barthes, Roland, »Die strukturalistische Tätigkeit«, in: *Kursbuch* 5, Mai 1966, S. 190-196.

Beuchot, Pierre, *Claude Lévi-Strauss: Un film de Pierre Beuchot: A partir des entretiens menés par Jean-José Marchand.* DVD. Paris : Editions Montparnasse 2004.

Caruso, Paolo, *Conversazioni con Lévi-Strauss, Foucault e Lacan.* Mailand : Mursia 1969.

Sorman, Guy, »Claude Lévi-Strauss: Ich suche nach dem Konstanten und Fundamentalen der menschlichen Natur«, in: *Denker unserer Zeit: 28 Gespräche mit Isaiah Berlin, Bruno Bettelheim, Claude Lévi-Strauss, Octavio Paz, Karl Popper u.a.* München & Leipzig : List Verlag 1989, S. 111-121.

Verwendete Literatur

Abélès, Marion, »Bibliographie de et sur Claude Lévi-Strauss«, in: Michel Izard (Hg.), *Claude Lévi-Strauss.* Paris : Éditions de l'Herne 2004, S. 456-475.

Adler, Alfred/Michel Cartry, »La Transgression et sa dérision«, in: *L'Homme*, XI, 1971 :3, S. 5-63.

Barber, Benjamin, *Jihad vs. McWorld: How Globalism and Tribalism are Reshaping the World.* New York : Ballantine Books 1996.

Barthes, Roland, »Die strukturalistische Tätigkeit«, in: *Kursbuch* 5, 1966, S. 190-196.

Beauvoir, Simone, Memoiren einer Tochter aus gutem Hause. Reinbek : Rowohlt 1960.

Boas, Franz, »The Origin of Totemism«, in: *American Anthropologist*, New Series, 18, 1916:(3), S. 319-326.

Boon, James A., *From Symbolism to Structuralism : Lévi-Strauss in a Literary Tradition.* Oxford : Basil Blackwell 1972.

Clément, Catherine, *Que sais-je? Claude Lévi-Strauss.* Paris : Presses Universitaires de France 2002.

Clifford, James, *Routes: Travel and Translation in the Late Twentieth Century*. Cambridge : Harvard University Press 1997.

Codere, Helene, »La Geste du Chien d'Asdiwal: The Story of Mac«, in: *American Anthropologist* 76, 1974 : 1, S. 42-47.

Debaene, Vincent, »Un quartier de Paris aussi inconnu que l'Amazone: Surrealisme et récit ethnographique«, in: *Les Temps Modernes* 628, 2004, S. 133-153.

Deliège, Robert, *Lévi-Strauss Today: An Introduction to Structural Anthropology*. Oxford, New York : Berg 2004.

Derrida, Jacques, *Grammatologie*. Frankfurt : Suhrkamp 1983 (franz. Original 1967).

Diderot, Denis/Jean le Rond d'Alembert, *Encyclopédie, ou Dictionnaire raisonné des sciences, des arts et des metiers*. 17 Bde., Paris : Briasson (et al.) 1751-1772.

Dosse, François, *Geschichte des Strukturalismus. Band I: Das Feld des Zeichens, 1945-1966*. Frankfurt : Fischer 1999.

Douglas, Mary, *Implicit Meanings: Selected Essays in Anthropology*. 2nd edition. New York : Routledge 1999.

Durkheim, Émile, *Die elementaren Formen des religiösen Lebens*. Frankfurt : Suhrkamp 2005 (franz. Original 1912).

Eribon, Didier, *Michel Foucault: Eine Biographie*. Frankfurt : Suhrkamp 1999.

Evans-Pritchard, Edward Evan, »Zande Totems«, in: *Man* 56, 1956, S. 107-109.

Foucault, Michel, *Die Ordnung der Dinge: Eine Archäologie der Humanwissenschaften*. Frankfurt : Suhrkamp 1991 (franz. Original 1966).

Frank, Manfred, *Was ist Neostrukturalismus?* Frankfurt : Suhrkamp 1984.

Frazer, James George, *Folklore in the Old Testament. Studies in Comparative Religion, Legend and Law*. 3 Bde. London : MacMillan 1919.

– : *Der goldene Zweig: Das Geheimnis von Glauben und Sitten der Völker*. Reinbek bei Hamburg : Rowohlt 1991 (engl. Original 1922).

Freud, Sigmund, *Die Traumdeutung*. In: derselbe, *Studienausgabe*, hrsg. von Alexander Mitscherlich et al.; Band II (zuerst 1900).

– : *Totem und Tabu: Einige Übereinstimmungen im Seelenleben der Wilden und der Neurotiker*. In: derselbe, *Studienausgabe*, hrsg. von Alexander Mitscherlich et al.; Band IX, *Fragen der Gesellschaft, Ursprünge der Religion*, Frankfurt : Fischer 2000, S. 287-444 (zuerst 1912-1913).

– : *Der Mann Moses und die monotheistische Religion: Drei Abhandlungen.* In: derselbe, *Studienausgabe*, hrsg. von Alexander Mitscherlich et al.; Band IX, *Fragen der Gesellschaft, Ursprünge der Religion*, Frankfurt : Fischer 2000, S. 455-581 (zuerst 1939).

Geertz, Clifford, *Die künstlichen Wilden: Der Anthropologe als Schriftsteller.* München : Hanser 1990.

Gramont, Sanche de, »There Are No Superior Societies«, in: Eugene N. Hayes/T. Hayes (Hg.), *Claude Lévi-Strauss: The Anthropologist as Hero.* Cambridge : MIT Press 1970, S. 3-21.

Groddeck, Wolfram, *Reden über Rhetorik: Zu einer Stilistik des Lesens.* Basel/Frankfurt : Stroemfeld/Nexus 1995.

Keck, Frédérick, *Claude Lévi-Strauss, une introduction.* Paris : Pocket / La Découverte 2005.

Kohl, Karl-Heinz, *Exotik als Beruf: Zum Begriff der ethnographischen Erfahrung bei B. Malinoswki, E. E. Evans-Pritchard und C. Lévi-Strauss.* Wiesbaden : B. Heymann Verlag 1979.

– : *Ethnologie – die Wissenschaft vom kulturell Fremden: Eine Einführung.* München : C.H. Beck 1993.

Krause, Aurel, *Die Tlinkit-Indianer: Ergebnisse einer Reise nach der Nordwestküste von Amerika und der Beringstrasse.* Jena : Costenoble 1885.

Lacan, Sibylle, *Ein Vater.* Frankfurt : Suhrkamp 2001.

Leach, Edmund, *Lévi-Strauss zur Einführung.* Hamburg : Junius 1991.

Lepenies, Wolf/Hanns H. Ritter (Hg.), *Orte des wilden Denkens: Zur Anthropologie von Claude Lévi-Strauss.* Frankfurt : Suhrkamp 1974.

Lévy-Bruhl, Lucien, *Die Seele der Primitiven.* Darmstadt : Wissenschaftliche Buchgesellschaft 1956 (franz. Original 1927).

Lowie, Robert Heinrich, *The Matrilineal Complex.* University of California Publications in American Archaeology and Ethnology, 16, 1919, Nr. 2.

Malinowski, Bronislaw, *Argonauten des westlichen Pazifik: Ein Bericht über Unternehmungen und Abenteuer der Eingeborenen in den Inselwelten von Melanesisch-Neuguinea.* Frankfurt : Syndikat 1979.

Murphy, Robert, »Connaissez-vous Lévi-Strauss?«, in: Eugene N. Hayes/T. Hayes (Hg.), *Claude Lévi-Strauss: The Anthropologist as Hero.* Cambridge : MIT Press 1970, S. 164-169.

Nancy, Jean-Luc, »Lob der Vermischung«, in: *Lettre International* 21, 1993, S. 4-7.

Oppitz, Michael, *Notwendige Beziehungen: Abriß der strukturalen Anthropologie*. Frankfurt : Suhrkamp 1993 (zuerst 1975).

Petermann, Werner, *Die Geschichte der Ethnologie*. Wuppertal : Peter Hammer 2004.

Radcliffe-Brown, Alfred Reginald, »The Mother's Brother in South Africa«, in: *South African Journal of Science*, 21, 1924, S. 542-555.

Reinhardt, Thomas, *Jenseits der Schrift: Dialogische Anthropologie nach der Postmoderne*. Frankfurt : IKO 2000.

Rivers, W. H. R., *History of Melanesian Society*. 2 Bde. Cambridge : University Press 1914.

Ruijter, Arie de, *Claude Lévi-Strauss*. Frankfurt, New York : Campus 1991.

Saussure, Ferdinand de, *Grundfragen der allgemeinen Sprachwissenschaft*. Berlin : Walter de Gruyter 1967 (franz. Original 1916).

Schlesier, Renate, *Kulte, Mythen und Gelehrte: Anthropologie der Antike seit 1800*. Frankfurt : Fischer 1984.

Sontag, Susan, »The Anthropologist as Hero«, in: dieselbe, *Against Interpretation*. New York : Farrar, Straus & Giroux 1966, S. 69-81.

Sperber, Dan, *Das Wissen des Ethnologen*. Frankfurt : Qumran 1985.

– : *La Contagion des idées*. Paris : Odite Jacob 1996.

Steiner, George, »Orpheus with His Myths: Claude Lévi-Strauss«, in: derselbe, *Language and Silence: Essays on Language, Literature and the Inhuman*. New York : Atheneum 1977, S. 239-250.

Strenski, Ivan, »Lévi-Strauss and the Buddhists«, in: *Comparative Studies in Society and History*, 22, 1980, S. 3-22.

Tylor, Edward Burnett, »Remarks on Totemism with Especial Reference to Some Modern Theories Respecting It«, in: *Journal of the Royal Anthropological Institute of Great Britain and Ireland*, 28, 1899 : 1, S. 138-148.

Walitschke, Michael, *Im Wald der Zeichen: Linguistik und Anthropologie – Das Werk von Claude Lévi-Strauss*. Tübingen : Max Niemeyer 1995.

Zeittafel

1908	geboren in Brüssel als Sohn des Kunstmalers Raymond Lévi-Strauss und seiner Frau Emma Lévi (28. November); im Jahr darauf Rückkehr der Familie nach Paris
1914-18	Übersiedlung der Familie ins Haus des Großvaters in Versailles, wo dieser Rabbiner ist
1927-31	Studium der Rechtswissenschaft und der Philosophie an der Sorbonne; Staatsexamen in Philosophie (den *stage d'agrégation* leistet er gemeinsam mit Maurice Mérlau-Ponty und Simone de Beauvoir ab)
1932	Militärdienst in Straßburg; Heirat mit Dina Dreyfus
1932-34	Lehrer für Philosophie an den Gymnasien von Mont-de-Marsan und Laon
1935-39	Professor für Soziologie an der Universität São Paulo, Brasilien; während der Semesterferien Expeditionen zu den Caduveo, Bororo, Tupi-Kawahib und Nambikwara; erste ethnologische Veröffentlichungen und Organisation einer Ausstellung über die Indianer des Mato Grosso am Pariser Musée de l'homme im Winter 1936/37
1939	Rückkehr nach Frankreich; Einberufung zum Militärdienst; Trennung von Dina Dreyfus
1940-47	Exil in den Vereinigten Staaten; Lehrtätigkeit an der New School for Social Research in New York; Bekanntschaft mit führenden amerikanischen Ethnologen (Boas, Lowie, Kroeber, Benedict, Mead) zahlreichen Surrealisten (Breton, Serge, Tanguy, Duchamp, Ernst u. v. a.), Freundschaft mit Jakobson; nach Ende des Krieges Tätigkeit als französischer Kulturattaché
1945	Heirat mit Rose-Marie Ullmo, mit der er einen Sohn haben wird, Laurent; Publikation von »L'analyse structurale en linguistique et en anthropologie«

1947 Rückkehr nach Frankreich

1948 Promotion zum Doktor der Philosophie an der Universität Paris mit *Les structures élémentaires de la parenté*; Maître de recherches am CNRS und stellvertretender Direktor des Musee de l'homme; Beginn der Freundschaft mit Lacan; *La vie familiale et sociale des Indiens Nambikwara*

1949 Professur für Religionswissenschaft an der Sorbonne; Publikation von *Les structures élémentaires de la parenté*

1950 Berufung zum Studiendirektor der fünften Sektion der École Pratique des Hautes Études in Paris (Abteilung Religionswissenschaft); Forschungsreise nach Pakistan

1952 *Race et Histoire* (im Auftrag der UNESCO)

1953 Generalsekretär des Conseil international des sciences sociales

1954 Scheidung von Rose-Marie Ullmo; Heirat mit Monique Roman, mit der er einen weiteren Sohn haben wird, Mathieu

1955 *Tristes tropiques*; »The Structural Study of Myth«

1958 *Anthropologie structurale*

1959 Berufung auf den Lehrstuhl für Sozialanthropologie am Collège de France

1960 Inauguralvorlesung am Collège de France; Gründung des Laboratoire d'anthropologie sociale (LAS); »La Geste d'Asdiwal«

1961 Mitbegründer der Zeitschrift *L'Homme, revue française d'anthropologie*

1962 *Le Totemisme aujourd'hui*; *La Pensée sauvage*

1964 *Mythologiques I: Le Cru et le cuit*

1966 Auszeichnung mit der Viking Fund Medal der Wenner-Gren Foundation

1967 *Mythologiques II: Du Miel au cendres*; Auszeichnung mit der Goldmedaille des C.N.R.S., der höchsten wissenschaftlichen Ehrung, die in Frankreich vergeben wird

1968 *Mythologiques III: L'origine des manières de table*

1971 *Mythologiques IV: L'Homme nu*; *Race et culture*

1973 Wahl in die Académie Française; Auszeichnung mit dem Erasmus-Preis (Amsterdam); Reisen nach British Columbia; *Anthropologie structurale II*

1975 *La Voie des masques*

1977	Massey Vorlesungen im kanadischen Radio; erste Reise nach Japan auf Einladung der Fondation du Japon
1978	*Myth and Meaning* (Texte der Massey Vorlesungen)
1979	zweite Reise nach Japan auf Einladung der Suntory Stiftung
1981	Reise nach Südkorea auf Einladung der Akademie für Koreastudien
1982	Emeritierung; Lévi-Strauss bleibt jedoch weiterhin Mitglied des Laboratoire
1983	*Le Regard éloigné*; dritte Reise nach Japan auf Einladung des Japan Productivity Center
1984	*Paroles donées*; Reisen nach Israel und Kalifornien
1985	*La Poterie jalouse*; Reise nach Brasilien (in Begleitung von François Mitterand)
1986	Preis der Fondation Nonino; vierte Reise nach Japan auf Einladung der Ishizaka Stiftung
1988	*De Près et de loin*; fünfte Reise nach Japan auf Einladung des Centre de recherche pour les études japonaises
1989	Ausstellung »Les Amériques de Claude Lévi-Strauss« im Musée de l'Homme
1991	*Histoire de Lynx*
1993	*Regarder, Ecouter, Lire*
1994	*Saudades do Brasil*
1996	Auszeichnung mit dem Aby M. Warburg Preis
2002	Auszeichnung mit dem Meister Eckhart Preis der Identity Foundation
2005	Auszeichnung mit dem Prix international Catalunya

Ehrendoktorwürden der folgenden Universitäten:
Brüssel, Oxford, Chicago, Stirling, Uppsala, Montréal, Universidad Nacional Autonoma de Mexico, Université Laval (Québec), Université nationale du Zaïre, Visva Bharati University (Indien), Yale, Harvard, Johns Hopkins, Columbia, Rostow am Don

Thomas Reinhardt ist Außerplanmäßiger Professor für Ethnologie an der Ludwig-Maximilians-Universität München. Veröffentlichungen u. a.: Jenseits der Schrift: Dialogische Anthropologie nach der Postmoderne (2000); Geschichte des Afrozentrismus: Imaginiertes Afrika und afroamerikanische Identität (2007).

Reihe »Zur Einführung« im Junius Verlag

Theodor W. Adorno
von Gerhard Schweppenhäuser

Giorgio Agamben
von Eva Geulen

Hannah Arendt
von Karl-Heinz Breier

Aristoteles
von Christof Rapp

Augustinus
von Johann Kreuzer

Michail Bachtin
von Sylvia Sasse

Roland Barthes
von Ottmar Ette

Georges Bataille
von Peter Wiechens

Jean Baudrillard
von Falko Blask

Walter Benjamin
von Sven Kramer

Henri Bergson
von Gilles Deleuze

Hans Blumenberg
von Franz Josef Wetz

Pierre Bourdieu
von Markus Schwingel

Judith Butler
von Hannelore Bublitz

Ernst Cassirer
von Heinz Paetzold

Stanley Cavell
von Elisabeth Bronfen

Charles Darwin
von Julia Voss

Gilles Deleuze
von Michaela Ott

Jacques Derrida
von Susanne Lüdemann

René Descartes
von Peter Prechtl

John Dewey
von Martin Suhr

Norbert Elias
von Ralf Baumgart/Volker Eichener

Epikur
von Carl-Friedrich Geyer

Johann Gottlieb Fichte
von Helmut Seidel

Reihe »Zur Einführung« im Junius Verlag

Michel Foucault
von Philipp Sarasin

Sigmund Freud
von Hans-Martin Lohmann

Hans-Georg Gadamer
von Udo Tietz

Arnold Gehlen
von Christian Thies

Jürgen Habermas
von Mattias Iser/David Strecker

Friedrich August von Hayek
von Hans Jörg Hennecke

Georg Wilhelm Friedrich Hegel
von Herbert Schnädelbach

Martin Heidegger
von Günter Figal

Johann Gottfried Herder
von Jens Heise

Thomas Hobbes
von Wolfgang Kersting

David Hume
von Heiner F. Klemme

Edmund Husserl
von Peter Prechtl

C.G. Jung
von Micha Brumlik

Immanuel Kant
von Jean Grondin

Sören Kierkegaard
von Konrad Paul Liessmann

Friedrich Kittler
von Geoffrey Winthrop-Young

Konfuzius
von Xuewu Gu

Siegfried Kracauer
von Gertrud Koch

Jacques Lacan
von Gerda Pagel

Bruno Latour
von Henning Schmidgen

Gottfried Wilhelm Leibniz
von Hans Poser

Emmanuel Levinas
von Werner Stegmaier

John Locke
von Walter Euchner

Niklas Luhmann
von Walter Reese-Schäfer

Jean-François Lyotard
von Walter Reese-Schäfer

Niccolò Machiavelli
von Quentin Skinner

Karl Marx
von Rolf Peter Sieferle

Maurice Merleau-Ponty
von Christian Bermes

John Stuart Mill
von D. Kuenzle/M. Schefczyk

Michel de Montaigne
von Peter Burke

Friedrich Nietzsche
von Werner Stegmaier

Charles Sanders Peirce
von Helmut Pape

Platon
von Barbara Zehnpfennig

John Rawls
von Wolfgang Kersting

Paul Ricœur
von Jens Mattern

Richard Rorty
von Walter Reese-Schäfer

Jean-Jacques Rousseau
von Günther Mensching

Jean-Paul Sartre
von Martin Suhr

Ferdinand de Saussure
von Ludwig Jäger

Max Scheler
von Angelika Sander

Friedrich W.J. Schelling
von Franz Josef Wetz

Carl Schmitt
von Reinhard Mehring

Arthur Schopenhauer
von Volker Spierling

Adam Smith
von Michael S. Aßländer

Sokrates
von Christoph Kniest

Baruch de Spinoza
von Helmut Seidel

Thomas von Aquin
von Rolf Schönberger

Max Weber
von Volker Heins

Reihe »Zur Einführung« im Junius Verlag

Ludwig Wittgenstein
von Richard Raatzsch

Slavoj Zizek
von Rex Butler

Analytische Philosophie
von Albert Newen

Antike politische Philosophie
von Walter Reese-Schäfer

Antike und moderne Skepsis
von Markus Gabriel

Argumentationstheorie
von Josef Kopperschmidt

Ästhetik
von Stefan Majetschak

Biophilosophie
von Kristian Köchy

Biopolitik
von Thomas Lemke

Theorien des Computerspiels
von GamesCoop

Erkenntnistheorie
von Herbert Schnädelbach

Feministische Theorien
von R. Becker-Schmidt/G.-A. Knapp

Fernsehtheorie
von Lorenz Engell

Filmtheorie
von Thomas Elsaesser/Malte Hagener

Theorien der Fotografie
von Peter Geimer

Theorien der Gabe
von Iris Därmann

Theorien der Gemeinschaft
von Hartmut Rosa u.a.

Gerechtigkeitstheorien
von Bernd Ladwig

Geschichtsphilosophie
von Johannes Rohbeck

Hermeneutik
von Matthias Jung

Historische Anthropologie
von Jakob Tanner

Historische Epistemologie
von Hans-Jörg Rheinberger

Theorien des Internet
von Martin Warnke

Kulturphilosophie
von Ralf Konersmann

Reihe »Zur Einführung« im Junius Verlag

Kulturtheorien
von Iris Därmann

Kulturwissenschaftliche Gedächtnistheorien
von Nicolas Pethes

Philosophie der Lebenskunst
von Ferdinand Fellmann

Literaturtheorien
von Oliver Simons

Theorien der Macht
von Andreas Anter

Medientheorien
von Dieter Mersch

Philosophie der Menschenrechte
von Christoph Menke/Arnd Pollmann

Moralbegründungen
von Konrad Ott

Theorien des Museums
von Anke te Heesen

Neoliberalismus
von Thomas Biebricher

Neue Philosophien des Politischen
von Uwe Hebekus/Jan Völker

Phänomenologie
von Ferdinand Fellmann

Philologie
von Marcel Lepper

Postkoloniale Theorien
von Ina Kerner

Pragmatismus
von Hans-Joachim Schubert u.a.

Theorien des Sozialstaats
von Stephan Lessenich

Sprachphilosophie
von Georg W. Bertram

Technikphilosophie
von Alfred Nordmann

Tierphilosophie
von Markus Wild

Theorien des Todes
von Petra Gehring

Umweltethik
von Konrad Ott

Visuelle Kulturen/Visual Culture
von Marius Rimmele/Bernd Stiegler

Wirtschaftsethik
von Felix Heidenreich

Wissenschaftstheorie
von Martin Carrier